MONOGRAPHIE STATISTIQUE

ET

BIBLIOGRAPHIE

DES

ENFANTS-TROUVÉS

ABANDONNÉS

ET ASSISTÉS

PAR

CAMILLE RENAUD

Docteur en médecine
Vice-président de l'Association médicale du département d'Indre-et-Loire,
Médecin des épidémies de l'arrondissement de Loches, etc.

PARIS
IMPRIMERIE TURFIN ET AD. JUVET
9, cour des Miracles.

1864

MONOGRAPHIE STATISTIQUE

ET

BIBLIOGRAPHIE

DES

ENFANTS-TROUVÉS

ABANDONNÉS

ET ASSISTÉS

par

CAMILLE RENAUD

Docteur en médecine,
Vice-président de l'Association médicale du département d'Indre-et-Loire,
Médecin des épidémies de l'arrondissement de Loches, etc.

PARIS
IMPRIMERIE G.-A. PINARD
9, cour des Miracles.

1864

MONOGRAPHIE STATISTIQUE

et

BIBLIOGRAPHIE

DES

ENFANTS-TROUVÉS

ABANDONNÉS ET ASSISTÉS

Les plus anciens documents connus sur les enfants-trouvés remontent au deuxième siècle de notre ère.

Julius-Paulus, conseiller d'Alexandre Sévère et de Caracalla, qualifie de meurtrier celui qui étouffe l'enfant dans le sein maternel, qui l'abandonne, qui lui refuse la nourriture ou qui l'expose dans un lieu public.

En l'an 315, trois années après que l'exercice de la religion chrétienne eut été autorisé en Italie, l'empereur Constantin publia un décret enjoignant à tous les officiers publics d'entretenir les enfants réduits à l'indigence. « Le Trésor de l'Empire, y est-il » dit, et le mien, indistinctement, pourvoiront à ces dépenses. »

La même loi fut mise en vigueur pour l'Afrique en 322.

Sept années plus tard, c'est-à-dire en 329, Constantin ordonna l'esclavage des enfants-trouvés, et en 331, il invita les étrangers à adopter les enfants exposés, la possession leur en était assurée à titre d'esclaves s'ils consentaient à les élever.

L'empereur Honorius, connu par les lois qu'il fit en faveur de la religion catholique, voulut que la prise de possession de chacun de ces enfants fut sanctionnée par acte émanant de l'autorité ecclésiastique.

Si la fille esclave, devenue grosse, accouchait à l'insu de son maître et exposait clandestinement son enfant, ce dernier pouvait le réclamer toutefois, en indemnisant, des dépenses faites pour son entretien, ceux qui lui avaient donnés des soins.

Si, au contraire, l'enfant avait été exposé par le maître lui-même, ou de son consentement, la revendication ne pouvait en être faite, la loi décrétée en 374 par Valentinien, Valens et Gratien, et renouvelée en 412 par Honorius et Arcadius, est positive à cet égard.

L'abolition de l'esclavage des enfants-trouvés fut proclamée en l'an 391 par Valentinien, Théodose et Arcadius; ils étaient libres après avoir servi l'Etat pendant quelques années.

A partir de l'an 412, une loi défend à quiconque trouvera un enfant à terre, de le relever si ce n'est en présence de témoins; procès-verbal devra en être dressé et signé de l'évêque.

Cette législation, acceptée par Théodose II, se trouve reproduite dans le Code qu'il fit paraître en 458 sous le nom de *Code Théodosien* et qui eut cours dans les Gaules pendant plusieurs siècles; elle fut également maintenue et exposée, par Justinien, d'une manière plus claire et plus précise, et adoptée par les canons des Conciles ayant force de lois.

Ainsi les décrets des Conciles de Vaison, 442; d'Agde, 506; d'Arles, 552; de Mâcon, 581, confèrent le droit de propriété à ceux qui élèveront ces enfants.

La condition des enfants-trouvés s'améliora surtout sous l'influence du christianisme; les Païens avaient le droit de vie et de mort sur leurs enfants; les maîtres disposaient également de la vie de leurs esclaves sans que la justice intervînt en faveur des victimes de cette coutume barbare, passée dans les mœurs et admise par les lois.

Ce fut principalement sous les Francs et sous les Visigoths que l'enfant trouva protection contre l'odieux infanticide et le meurtre, ce crime était puni par la loi salique d'une amende qui variait selon l'âge et la qualité sociale de la victime.

Les Visigoths appliquaient la peine capitale à l'auteur d'un avortement, et condamnaient à l'esclavage celui qui était pris à exposer un enfant de condition libre; en vertu de la même loi, l'État accordait des soins aux enfants-trouvés jusqu'à l'âge de dix ans.

Ina, roi des Saxons orientaux, fonda, en l'an 715, une église à Rome, sous le nom de Sainte-Marie *in Sassia*. Ce roi étant venu à Rome en l'an 718, fit construire comme annexe à cette église un hôpital pour les pèlerins de sa nation, il dota cet établissement d'un revenu annuel pour la subsistance des pauvres et l'entretien de l'hôpital.

Plus tard, Offa, roi des Merciens, donna de l'extension à cet hôpital et en augmenta le revenu; malheureusement deux incendies vinrent, en 817 et 847, désoler cet établissement; les papes Pascal Ier et Léon IV le firent restaurer; mais il fut entièrement détruit dans les XIe et XIIe siècles par les guerres des Guelfes et des Gibelins.

A la fin du XIIe siècle, un homme charitable, Guy, fils de Guillaume, comte de Montpellier, consacra toute sa fortune à la fondation de l'Ordre du Saint-Esprit, destiné à desservir un hôpital qu'il fit bâtir dans la ville de Montpellier, résidence de sa famille.

En 1180, on recevait déjà dans ce lieu de refuge des hommes malades et des *enfants exposés*. Cet Ordre reçut l'approbation du Saint-Père par bulle du 22 avril 1198, et le fondateur, nommé grand-maître, fut appelé à Rome en 1204 par Innocent III pour recevoir la direction de l'hôpital de *Sancta Maria in Sassia* qu'il avait fait réédifier en 1198, et auquel il venait de donner la même destination que celle de l'hôpital de Montpellier; on raconte de la manière suivante l'événement qui donna naissance à cette consécration : En l'an 1204, des pêcheurs tirèrent du Tibre, dans leurs filets, une grande quantité d'enfants nouvellement nés qu'on y avait jetés; le pape en fut tellement touché, qu'il destina principalement cet hôpital pour recevoir les *enfants exposés* et *abandonnés* par leurs parents.

La bulle du Saint-Père est muette à cet égard; mais plusieurs de ses successeurs, entre autres Nicolas IV et Sixte IV, dans sa bulle de 1478, mentionne cette nouvelle destination de l'hôpital, dont les murs perpétuèrent le souvenir par un groupe, peint à l'huile, représentant des pêcheurs remettant à Innocent III des enfants qu'ils avaient trouvés.

Plusieurs personnes pieuses et charitables suivirent l'exemple de Guy de Montpellier et des papes. Ces diverses dotations servirent non-seulement à augmenter le revenu des maisons existantes, mais encore permirent d'en multiplier rapidement le nombre, ainsi que le constate leur dénombrement contenu dans la bulle du 22 avril 1198; on en comptait déjà à cette époque, deux à Rome, une à Bergerac, une à Troyes, etc....

Toutes admettaient les enfants-trouvés. Le 7 février 1362, plusieurs notables de Paris vinrent trouver Jean de Meulant, 88e évêque de cette ville, pour lui exposer l'état de détresse auquel était réduit un grand nombre d'enfants orphelins mourant de faim et de froid, calamité causée par les guerres qui désolaient la France depuis 1360; l'évêque permit aux notables d'instituer une confrérie du Saint-Esprit, afin de bâtir à Paris un hôpital sous le nom d'*Hôpital des pauvres du Saint-Esprit;* l'ordonnance épiscopale fut confirmée par lettrespatentes du mois de mars 1362.

Le 4 août 1445, le roi Charles VII rendit des lettres-patentes confirmant la fondation de la confrérie du Saint-Esprit et sa destination à *ne recevoir que les enfants orphelins, procréés en légitime mariage.*

Ainsi, les enfants illégitimes ne pouvaient être admis à l'hôpital du Saint-Esprit, ils étaient recueillis par quelques personnes charitables et déposés sur un lit à l'entrée de l'église; ces personnes se tenaient sur la porte du lieu où étaient exposés les enfants et criaient aux passants : *Faites bien à ces pauvres enfants-trouvés;* elles récoltaient ainsi les aumônes destinées à les secourir.

Nous voyons enfin, en l'an 1471, Sixte IV rétablir l'hôpital de Sainte-Marie *in Sassia*, tombant en ruine; non-seulement on entretenait, dans un appartement qui était derrière l'hôpital, un grand nombre de nourrices pour allaiter les enfants exposés, mais encore on en comptait plus de deux mille dans la ville et les villages circonvoisins.

Ces enfants étaient retirés de nourrice à l'âge de trois ou quatre ans; on comptait cinq cents garçons et autant de filles; les premiers restaient à l'hospice jusqu'à ce qu'ils fussent en état de gagner leur vie; les filles étaient élevées dans la maison hospitalière jusqu'à ce qu'elles fussent en âge d'être mariées ou d'être religieuses; alors elles recevaient de l'hôpital 50 écus romains de dot, et restaient sous la direction des religieuses de la maison hospitalière.

Les dépenses, tant pour les enfants que pour l'entretien de la maison, s'élevaient annuellement à 500 livres.

En dehors de cet hôpital, il y avait un tour garni d'un petit matelas pour recevoir les enfants exposés. On pouvait hardiment les mettre en plein jour, car il était défendu, sous de très-graves peines, et même sous menaces de punition corporelle, de s'informer qui étaient ceux qui les apportaient et de les suivre.

Tel est ce fameux hôpital du Saint-Esprit de Rome dont le pape Innocent III donna la direction, comme nous l'avons dit, au comte Guy et à ses hospitaliers.

En 1536, François Ier fonde la maison des Enfants-Rouges, établissement destiné d'abord à recevoir les pauvres enfants, dont les pères et mères étrangers mouraient à l'Hôtel-Dieu; mais le 22 juin 1541 ce monarque déclara qu'on y recevrait aussi des enfants orphelins et pauvres de la banlieue de Paris et des villages circonvoisins.

Comme on pourra s'en rendre compte en parcourant les actes royaux que nous donnons dans notre bibliographie, il s'élevait de continuelles difficultés pour la perception de la subsistance des enfants-trouvés, cet état de choses nécessita toute une réglementation.

Ainsi, le 13 septembre 1546, un arrêt du Parlement de Paris déclare que le ministère public exerce les actions des enfants-trouvés pour faire valoir leurs droits à l'assistance contre l'évêque, le chapelain métropolitain et divers monastères de Paris.

Le 13 août 1552 un autre arrêt impose aux seigneurs hauts-justiciers de contribuer, dans l'étendue de la ville et des faubourgs, à l'entretien, subsistance et éducation des enfants exposés...

Au mois de juillet 1566, le roi Charles IX publia un édit portant que tous les effets mobiliers des enfants de l'hôpital du Saint-Esprit, qui y décéderont, appartiendront à l'hôpital; cet édit eut pour objet d'empêcher les familles de ces enfants de prétendre à l'héritage de leurs effets.

S'il nous fallait enregistrer et analyser ici tous les actes relatifs aux enfants-trouvés, nous dépasserions les limites dans lesquelles nous voulons nous renfermer, et ce serait, du reste, répéter ce que notre bibliographie mettra, par époque, sous les yeux du lecteur.

Aussi, hâtons-nous d'arriver au XVIIe siècle, époque à laquelle apparaît l'un des plus grands bienfaiteurs de l'humanité... Vincent-de-Paul, fondateur de l'établissement pour les Enfants-Trouvés.

Avant cette pieuse fondation, l'entretien de ces enfants s'effectuait au moyen d'une taxe obligatoire; et ceux à qui cette charge était imposée parvenaient souvent à s'y soustraire; il suffisait, pour s'en acquitter, de payer une certaine somme à la Maison de la Couche, établissement mal dirigé où se commettaient les abus les plus scandaleux et les plus inhumains.

Les servantes chargées de donner des soins à ces innocentes créatures les vendaient dans la rue Saint-Landri, à *vingt sous la piece*, à de prétendus magiciens ou à des mendiants qui les achetaient pour exciter la pitié; d'autrefois on les donnait par charité, disait-on, aux femmes malades qui en avaient besoin pour faire sucer un lait impur.

Ce trafic odieux durait depuis longtemps lorsqu'enfin il fut divulgué; on s'empara de tous les enfants; ils furent transportés près de Saint-Victor, où la charité publique les secourut tant bien que mal; mais le nombre en devint si considérable et les ressources si restreintes qu'il fallut recourir à un expédient extrême; on procéda par un tirage au sort; les uns reçurent l'hospitalité, les autres furent délaissés, selon que le sort leur fut plus ou moins favorable.

Vincent de Paule pourvut d'abord aux besoins de douze de ces enfants; bientôt sa charité put s'étendre à tous ceux qu'on trouvait exposés sous le parvis des églises. Lorsque les secours vinrent à lui manquer, il fit appel à la charité publique et convoqua une assemblée extraordinaire.

Ceci se passait en 1640, l'œuvre des enfants ne possédait alors qu'un revenu de 1,200 à 1,400 livres, et ses charges atteignaient 40,000 livres; les dames de l'OEuvre voyant l'impossibilité de subvenir à des dépenses si importantes, semblaient vouloir abandonner ces enfants. Vincent de Paule, aidé de mademoiselle Legros, à force d'actives démarches, parvint à faire associer la Cour tout entière à son œuvre. Anne d'Autriche y souscrivit pour 12,000 livres; le roi fit don de 4,000 livres aux enfants-trouvés, le 12 juillet 1642, à prendre annuellement sur la ferme et châtellenie de Gonesse.

La parole de Vincent de Paule, prédicateur aussi élégant que simple, allait droit au cœur; son éloquence populaire convenait également à tous, au savant comme à l'ignorant, au pauvre comme au riche; en un mot, à chacune des classes de la société.

Constamment entouré d'un auditoire nombreux, il sut mettre au profit de l'humanité la puissante faculté qu'il avait de prononcer la sainte parole sans apprêt, par la seule inspiration du cœur; faculté qui assurait son triomphe sur tous les esprits.

Pour atteindre plus sûrement le noble but qu'il poursuivait avec tant de persistance, Vincent de Paule fit placer dans l'église le plus grand nombre possible de ces pauvres petits êtres.

Ce spectacle touchant devint encore plus pénétrant, lorsque, dans une exhortation aussi brève que pathétique il fit ressortir tout ce qu'avait d'inhumain l'abandon et la vente de ces malheureux enfants assimilés mercantilement au bétail et soumis souvent à des traitements non moins révoltants; en présence des dames de l'OEuvre et d'un nombreux public, il s'exprima en ces termes :

« Mesdames,

» La compassion et la charité vous ont fait adopter ces petites
» créatures pour vos enfants, vous avez été leur mère selon la
» grâce, depuis que leurs mères, selon la nature, les ont aban-
» donnés; voyez maintenant si vous voulez aussi les abandonner;
» cessez d'être leurs mères pour devenir à présent leurs juges.
» Leur vie et leur mort sont entre vos mains; il est temps de
» prononcer leur arrêt et de savoir si vous ne voulez plus avoir
» de miséricorde pour eux. Ils vivront, si vous continuez d'en
» prendre un soin charitable, et, au contraire, ils mourront et
» périront infailliblement si vous les abandonnez. »

Ce discours arracha des larmes aux nombreux auditeurs, et, le *même jour*, dans la *même église*, en un instant l'hôpital des Enfants-Trouvés fut fondé et doté.

Telle fut l'origine de cette belle institution due à l'un des plus dignes prêtres de l'Eglise qui finit sa sainte carrière le 27 septembre 1660, âgé de près de 85 ans; il fut béatifié le 13 août 1729 et mis au nombre des saints le 16 juin 1737.

Grâce à ses démarches incessantes le vénérable fondateur de l'Institution des Enfants-Trouvés parvint à accroître les ressources de cet établisssement, et les enfants trouvèrent un asile sûr et un véritable père dans Vincent de Paule.

Il ne laissa jamais échapper l'occasion d'éveiller la sollicitude du roi ; cédant à ses instances, nous voyons Louis XIV, au mois de juin 1644, doter les *enfants-trouvés* d'une rente de 8,000 livres; et en 1656, il sanctionne la fondation de l'hôpital des Enfants-Trouvés.

Depuis, le même monarque et ses successeurs enrichirent l'hôpital de nouvelles dotations: Le 12 février 1675, des lettres-patentes confirment le don fait par le roi, aux enfants-trouvés, d'une somme annuelle de 20,000 livres. Le 14 avril de l'année suivante, un arrêt du Conseil d'État ordonne que les biens et les revenus de la Confrérie de la Passion et de la Résurrection de Notre-Seigneur, qui étaient ci-devant employés aux représentations desdits mystères, et qui se trouvaient sans aucune destination, seront unis à l'administration des biens de l'Hôpital-Général de Paris, et employés à la nourriture des enfants-trouvés.

L'augmentation du chiffre des revenus de l'hospice permettait de faire un plus grand nombre d'admissions; aussi beaucoup de personnes aisées, abusant de cette facilité, laissaient à la charge de l'État l'entretien de leurs enfants. Pour mettre un terme à ces abus, un arrêt de la Cour du Parlement, du 15 février 1680, enjoint aux personnes qui ont des enfants dans l'Hôpital-Général, qu'ils peuvent nourrir, de les retirer sous huitaine à peine d'amende de 6 livres 4 sous par jour; et fait défense à tous les Savoyards et Dauphinois de faire, sous les mêmes peines, *gueuser* les enfants qu'ils amèneront à Paris.

Le 23 mars de cette même année 1680, une déclaration du roi réunit les biens de l'hôpital du Saint-Esprit à ceux de l'Hôpital-Général de Paris.

Nous le répétons, il serait trop long d'analyser dans un simple aperçu tous les documents qu'on trouvera dans notre bibliographie, nous nous bornerons ici à mentionner ceux qui nous ont paru les plus importants; mais auparavant, faisons remarquer que si on s'occupait de pourvoir aux besoins matériels des enfants trouvés, là se bornait toute la sollicitude des bienfaiteurs, encore les secours qu'on accordait alors n'étaient que partiels et ne s'étendaient pas également pour les enfants de tout le royaume.

C'est pour la première fois seulement, le 21 juillet 1703, que nous trouvons un réglement sur la visite ou la surveillance des enfants trouvés mis en nourrice à la campagne; encore cette surveillance était-elle très-incomplète; elle était faite par deux sœurs de charité de la Maison de la Couche, désignées par MM. les Directeurs; on se demandera comment deux femmes pouvaient seules se rendre compte de l'état des enfants, du soin qu'en prenaient les nourrices....., etc. Lorsqu'aujourd'hui quatre-vingt-sept agents composent le personnel de l'inspection départementale et ne suffisent qu'imparfaitement aux exigences de leur charge.

Il est vrai de dire qu'en 1703, le nombre des enfants hors de l'hospice était presque insignifiant, et que ceux qui étaient à la campagne se trouvaient en partie dans la banlieue; privé des moyens de transport dont nous jouissons aujourd'hui, il était presque impossible de les envoyer dans les départements. aussi manquait-on de nourrices, et la plupart des enfants étaient-ils élevés à l'hospice par l'allaitement factice.

Ainsi, en 1704, à cause du *dégel* et de la *mauvaise saison*, les nourrices n'osant se mettre en route, cent-sept enfants nouvellement nés souffraient de la faim ; il fallut chercher en toute hâte des nourrices dans la ville même ; mais on ne parvint à en recruter que fort peu, et la plupart de ces malheureux petits êtres dut attendre les nourrices jusqu'au retour du printemps ; beaucoup d'entre eux ne purent supporter l'allaitement factice et succombèrent; la Maison Hospitalière eût à regretter de n'avoir à sa disposition qu'un nombre restreint d'agents provinciaux chargés d'engager des nourrices, tout en visitant les enfants déjà placés. On reconnut donc, dès cette époque, l'urgence de s'attacher un personnel plus nombreux et plus dévoué à l'œuvre, la surveillance exercée étant tout-à-fait insuffisante malgré le petit nombre d'enfants recueillis; bien qu'on sentit dès lors la nécessité de créer l'inspection départementale, l'institution en fut malheureusement ajournée jusqu'en 1811.

Le décret du 19 janvier dit qu'un commissaire spécial ou des médecins désignés par les établissements dépositaires visiteront au moins deux fois par an chaque élève de l'hospice. Ce décret ne fut pas exécuté, si ce n'est dans le seul département de l'Isère où une inspection fut créée et resta unique jusqu'en 1819, époque de la création d'un inspecteur pour Indre-et-Loire. Ce décret fut donc mis à exécution dans deux départements jusqu'au 18 juillet 1837 et 10 mai 1838 où des modifications furent apportées à ce décret par de nouvelles lois. L'instruction ministérielle du 12 mars 1839 et particulièrement les circulaires du 30 avril 1856 et du 1er avril 1861, ont réglé les attributions des inspecteurs départementaux en en élevant successivement le nombre. En 1860, leur cadre se composait de quatre-vingt-sept inspecteurs et le chiffre des frais de l'inspection montait à 304,000 francs.

La Commission d'enquête générale ouverte en 1860 dans les quatre-vingt-six départements, en constatant les bienfaits de l'inspection départementale, ajoute : « Sauf dans onze départements, les commissions administratives ne remplissent que d'une manière fort incomplète leurs devoirs de tutrices. Négligeant ses attributions les plus importantes, la tutelle hospitalière se réduit ordinairement aux cas spéciaux où le consentement et l'assistance du tuteur légal sont absolument nécessaires; quelquefois même cette intervention s'exerce-t-elle tardivement. L'ajournement des décisions, les retards dans la signature des pièces ont compromis en plus d'une occasion les intérêts des pupilles.

La création des inspecteurs départementaux remplissait assurément une lacune très-importante ; mais la Commission d'enquête nommée pour s'assurer de la bonne exécution de ce service si utile, établit que sur quatre-vingt-sept inspecteurs, onze seulement ont bien rempli leur devoir ; à quoi tient cette négligence du plus grand nombre !

Il faut bien le reconnaître, les commissions administratives ne peuvent réellement pas suffire aux devoirs qui leur sont imposés, et de là le manque de surveillance envers les inspecteurs départementaux eux-mêmes qui, sans aucun doute, rempliraient plus exactement la mission qu'ils ont acceptée, s'ils étaient une ou deux fois chaque année soumis à la visite d'inspecteurs généraux nommés par le ministre.

Animés du meilleur esprit, ajoute le rapport de la commission, désireux de faire le bien, et de le bien faire, les membres de ces commissions n'ont, comme honorabilité et bon vouloir, aucune comparaison à redouter ; mais ils donnent plus particulièrement leurs soins à l'établissement hospitalier qu'ils administrent.

Choisis d'ailleurs parmi la population active du pays, ils ont à remplir des fonctions importantes, à satisfaire aux exigences de leur profession, à surveiller la gestion de leurs intérêts privés.....

Peut-être dans ces conditions particulières pourraient ils servir de tuteurs aux enfants conservés à l'hospice; mais, quant aux pupilles placés à l'extérieur (et c'est le plus grand nombre), ils ne peuvent personnellement les surveiller, se rendre compte des soins qu'ils reçoivent, des conditions du placement; c'est alors que des inspecteurs généraux pourraient surveiller activement et avantageusement tout ce qui intéresse les enfants trouvés, exciter le zèle des tuteurs, et demander leur remplacement en cas de négligence dans leurs fonctions. Pour tous ces détails cependant si essentiels, et lorsqu'il s'agit surtout d'adolescents ayant dépassés leur douzième année, on ne saurait exercer une tutelle avec trop de vigilance, ainsi que le commandent les intérêts des enfants et de la société.

En vertu de la circulaire du 30 avril 1856, les inspecteurs départementaux sont autorisés aujourd'hui à partager, avec les commissions hospitalières, les pouvoirs; disons mieux, les charges de la tutelle. L'enquête qui nous fournit le texte de ces considérations a proclamé du reste les heureux effets de cette innovation.

Cette innovation si utile deviendrait peut-être plus efficace si tous les éléments qui la composent pouvaient être réunis de manière à en faire une seule et même institution, fonctionnant d'après les mêmes règles et les mêmes principes émanant de M. le Ministre, surveillée par des inspecteurs généraux qui seraient chargés d'examiner si les vues du gouvernement seraient bien exécutées partout.

Ne pourrait-on pas instituer, comme cela se pratique pour les maisons d'aliénés dans toute l'étendue de la France, deux ou trois inspecteurs généraux, choisis dans le corps médical; ces fonctionnaires seraient placés sous l'autorité immédiate du ministre, correspondraient avec les préfets, les inspecteurs départementaux, et par de fréquentes tournées ils se mettraient en rapport direct avec les pupilles. Ils auraient mission de s'assurer et de constater si la commission hospitalière exerce exactement la tutelle légale. — si l'inspecteur départemental en partage l'exercice avec elle, et s'il visite régulièrement les enfants au domicile des nourrices et des patrons. Ils constateraient la situation des enfants dans les familles où ils sont placés; ils remarqueraient s'il s'établit des rapports d'affection entre eux et elles. Ils jugeraient s'il leur est alloué un salaire proportionné à leur travail; s'ils réalisent quelques économies et comment elles sont placées, etc. Le rapport de l'enquête a proclamé ce principe en ce qui regarde le service des inspecteurs départementaux, nous l'appliquerons aux chefs qui seraient appelés à surveiller le personnel de l'inspection.

En un mot, la création d'inspecteurs généraux serait le couronnement des généreux efforts que fait le département de l'intérieur, depuis longtemps, pour donner aux orphelins privés du bienfait et des conseils de la famille, une bonne direction et une tutelle toute paternelle.

Du reste, cette création rentrerait, nous n'en pouvons douter, dans les idées de Son Excellence M. le Ministre de l'Intérieur qui cherche, par tous les moyens, à améliorer le sort de ces malheureux enfants abandonnés.

Les inspecteurs généraux auraient encore à s'occuper activement d'une grave question qui vient de surgir par une récente mesure administrative : nous voulons parler de la suppression presque générale (puisque trois seulement sont encore en activité) des tours d'exposition des enfants nouveaux-nés ; suppression qui date du mois de janvier 1863 et dont on n'a pu encore apprécier les résultats, autant à cause du court laps de temps depuis lequel cette mesure est en vigueur, que pour la difficulté, pour ne pas dire l'impossibilité, qui résulte de l'organisation actuelle du service des enfants-trouvés. Ainsi, il y aura nécessairement un point de comparaison à établir pour reconnaître si cette grande mesure, en faisant diminuer le nombre des enfants naturels, n'augmentera pas dans des proportions considérables la quantité des avortements ; nous passerons rapidement sur une question que vient de traiter si savamment et si opportunément le docteur Tardieu, dans son étude médico-légale sur l'avortement.

Nous dirons seulement que la suppression des tours nous paraît offrir un grand danger, et que cette mesure aggrave surtout la position de la jeune fille au moment de sa délivrance, car elle n'est pas en peine de dissimuler sa grossesse. Mais il n'en sera pas de même lorsqu'elle sera devenue mère ; aussi désireuse de cacher le nouveau-né à tous les regards qu'elle l'était de dissimuler sa grossesse à toutes les suspicions, elle ne pourra accomplir les devoirs que lui prescrit la nature qu'autant qu'elle sera dans l'aisance, ses ressources lui permettant alors d'envoyer secrètement son enfant en nourrice, dans une contrée lointaine ; si, au contraire, nous envisageons l'état de la jeune fille indigente (et c'est le plus grand nombre), nous la trouvons exposée à faillir en présence du déshonneur et de la misère, tristes auxiliaires inconnus lorsque la faveur des tours lui ménageait tout à la fois l'incognito, en assurant la subsistance de son enfant. Placée dans une position doublement fausse, elle recourra donc plus facilement à l'avortement ou à l'infanticide. Hélas ! ne savons-nous pas tous, par les exemples que nous apporte chaque jour la *Gazette des Tribunaux*, qu'elle trouvera aisément les funestes conseils de quelque mégère achevant d'étouffer en elle le sentiment maternel et lui assurant le concours de quelque sage-femme, vivant de cet ignoble trafic.

On a dit que l'existence des tours augmentait le nombre des abandons et éteignait tout sentiment naturel chez les filles mères ; au premier de ces arguments, nous répondrons que si par la suppression des tours on constate moins d'abandon, en revanche n'enregistre-t-on pas un plus grand nombre d'avortements et d'infanticides. Que de filles mères dans l'indigence ont d'abord déposé leurs enfants, par nécessité et dans l'intérêt même de ces pauvres petits êtres, pour les réclamer lorsqu'une position plus prospère leur permettant de les élever elles-mêmes. Telle est notre réponse au second argument.

Personne n'ignore maintenant les graves et nombreux abus qui existent dans le service des enfants-trouvés, l'abandon dans lequel on laisse ces malheureuses créatures et les funestes effets de cet abandon.

L'importante amélioration que nous venons de signaler serait d'une exécution très-réalisable et très-facile, elle serait peu coûteuse à l'Etat, et pourrait, nous le pensons, remédier à ces abus et les détruire radicalement.

Si les commissions administratives chargées, par la loi du 15 pluviôse an XIII, de remplir les fonctions de tuteur à l'égard des enfants-trouvés obéissaient aux obligations que leur impose cette loi, la société n'aurait pas à constater les résultats les plus affligeants, c'est-à-dire la mortalité des enfants, faute de soins nécessaires dans leur bas âge... La misère et souvent l'opprobe pesant sur eux le reste de leur vie..., résultat d'un abandon complet dans leur adolescence.

Monsieur de Watteville, *Annales de la Charité*, année 1847, constate que depuis dix ans, t[illegible]dis [illegible]e le chiffre de la naissance des enfants-trouvés n'est aux a[illegible]nces que dans la proportion de cinq pour cent, on les vo[illegible]s les bagnes de Brest, de Rochefort, de Toulon dans celle de 15 pour cent, pour les garçons.

Quant aux filles, dans 65 villes de France où des recherches ont été faites, on les trouve toujours formant le cinquième du nombre, soit vingt pour cent, des misérables composant la population des maisons de prostitution.

La cause de cet état déplorable des choses est entièrement attribuée à l'inefficacité de la surveillance exercée sur les nourriciers de ces enfants, qui ne s'occupent pas plus de leur bien-être que de leur instruction et de leur moralité.

Trop souvent les nourrices sont dans un état de pauvreté tel qu'elles ne peuvent satisfaire à leurs propres besoins et font spéculation d'élever ces enfants pour les envoyer mendier, et les habituent ainsi à la paresse, au vagabondage, aux vices de toutes natures. Ce que nous rapportons ici a été officiellement constaté dans les travaux des commissions d'enquêtes instituées par le Gouvernement en 1849 et en 1860.

Il est temps, nous ne saurions trop le répéter, de remédier à un état de choses qui fait de la plus belle institution le foyer où les bagnes et la prostitution recrutent le plus grand nombre de misérables qui les composent. La création d'inspecteurs généraux, d'hommes constamment occupés des besoins de leurs pupilles, des soins moraux et matériels à donner à chacun d'eux selon son sexe, son âge et sa santé, serait, à notre avis, le seul moyen de détruire un mal social dont la plaie s'agrandit chaque jour au détriment de l'État et à la honte de la société entière.

D'accord avec les commissions officielles nous conclurons, en rappelant avec elles que le sort des enfants exposés mérita de tout temps la plus sérieuse attention, que leur conservation a toujours excité la sollicitude des gouvernements; que ces enfants sont les victimes innocentes de la misère ou de la débauche de ceux qui leur donnent naissance; que dans tous les temps ils ont fait parler en leur faveur l'humanité et la religion; que toutes les nations les ont protégés, et les seigneurs hauts-justiciers ont même été chargés de contribuer aux frais nécessaires pour leur entretien, leur subsistance et leur éducation; que le Parlement leur imposa cette charge par différents arrêts, notamment ceux du 13 août 1552, 3 mai et 3 septembre 1667, et 23 juin 1668; que les rois ont fondé et établi des maisons et des hôpitaux pour y recevoir les enfants-exposés et les élever dans la piété; qu'une commission composée de sept membres fut chargée par le bureau de l'Hôpital-Général, en 1761, de faire une enquête dans le but de diminuer les charges de l'hôpital, soit par une plus grande économie, soit par de plus grandes sévérités sur l'admission des pauvres, et sur les moyens de les occuper par des travaux utiles à eux-mêmes et à l'hôpital.

Qu'en 1670, Louis XIV, en établissant à perpétuité l'hôpital des Enfants-Trouvés, et en l'unissant à l'Hôpital-Général, considérait par ce fait l'avantage que l'État pourrait retirer de la conservation de ces enfants; en ce que les uns pouvaient devenir soldats et les autres former des ouvriers et des habitants des colonies...

Qu'il existait alors dans Paris deux maisons particulièrement destinées pour les enfants-trouvés : l'une, rue Neuve-Notre-Dame, appelée la *Maison de la Couche*, où on apportait les nouveaux-nés exposés et ceux qui naissaient à l'Hôtel-Dieu et dans les lieux d Force et de la Salpêtrière; que le bureau envoyait ces enfants en nourrice dans différentes provinces; et que de ceux qu'on ramenait de sevrage, on en réservait soixante ou soixante-dix qu'on élevait dans la *Maison de la Couche;* les autres étaient envoyés dans la Maison des Enfants-Trouvés du faubourg Saint-Antoine, qui en contenait sept à huit cents, tant garçons que filles; que le nombre de ces enfants qui, en 1660, était de cinq à six cents, était en 1761 de plus de neuf mille, chaque année en produisant deux à trois mille de toutes les provinces; qu'il y en avait alors au moins six mille en nourrice et en sevrage, d'où on était en usage de les retirer à l'âge de cinq à six ans pour les disperser dans les différentes maisons hospitalières de Paris; les garçons étaient envoyés à la Pitié et les filles à la Salpêtrière, lorsque celle du faubourg Saint-Antoine était remplie. Que dans ces maisons on leur enseignait le Catéchisme, à lire et à écrire, on les faisait travailler à différents ouvrages, suivant leur âge et leur sexe, jusqu'à ce qu'on trouvât l'occasion de les placer chez des maîtres et maîtresses pour y apprendre des métiers qui les missent en état de gagner honorablement leur vie; mais que ces occasions n'étant pas fréquentes, la plupart des filles restaient à la Salpêtrière jusqu'à l'âge de 25 ans, et qu'alors se regardant comme libres et affranchies, elles disposaient d'elles-mêmes; que les garçons parvenus à un âge formé, se trouvaient sans métier; une partie s'évadait, et ceux que le bureau mettait en apprentissage, se regardant aussi comme affranchis, se répandaient dans Paris et dans la province, la misère les rendait vagabonds et libertins, abandonnés à eux-mêmes ils se livraient à toutes sortes de vices.

Comme aujourd'hui, ces enfants passaient les premières années de leur vie dans les campagnes, ne connaissant d'autre patrie que les lieux où ils avaient été élevés, d'autre famille que celle de leurs nourriciers; en les retirant, c'était les expatrier, c'était les enlever à ceux qu'ils considéraient comme leurs parents.

Le moyen le plus sûr de pourvoir à leur conservation et le moyen le plus certain de les rendre utile au pays, ce serait de les laisser dans les lieux où ils sont élevés dès leur naissance, en favorisant, autant que possible, l'entrée des garçons dans les fermes-écoles pour en faire des cultivateurs, et les filles dans les ouvroirs publics; pour les uns et les autres, pouvoir les placer dans de bonnes conditions, par la recommandation des maisons dont ils sortiraient.

Nous terminerons cet exposé par le tableau du mouvement, des ressources et des dépenses des enfants-trouvés, depuis 1660 jusqu'à 1848, savoir :

ANNÉES	NOMBRE D'ENFANTS	DÉCÉDÉS	RESSOURCES	DÉPENSES	Observations
1660	500 à 600				
1663	412				
1664	500				
1665	517				
1666	424				
1761	9.000				
1815	85,808	25,369			
1816	90,626	25.703			
1817	95,217	28.266			
1818	97.276	26,997			
1819	100.835	29,168			
1820	105.667	27.688			
1821	108,767	29.307			
1822	111,212	29.804			
1823	115,494	27.471			
1824	119.389	34 841	9,643.728	9,800,213	
1825	118 118	33,545	9,742,326	9,796,785	
1826	115,406	35,588	9.659,825	9,662.069	
1827	115 581	32.329	9,436.509	9.490.664	
1828	115.848	33.482	9.352.559	9.445,582	
1829	118.485	30,458	9.374.825	9,458.896	
1830	122.645	29.263	9.474.524	5.590.408	
1831	127.677	30 831	9,922,248	10.037.946	
1832	130,731	32.406	10,120,643	10.258.799	
1833	129 222	35.097	10,045.264	10,242.047	
1834	121,563	39,505	9,450,723	9.441.007	
1835	109,656	43.320	9.364.951	9.316 942	
1836	99.695	41.756	8.645.940	8.523.341	
1837	97.912	31.429	8.038 837	7.976.053	
1838	95.344	29.468	7,575.038	7.601.878	
1839	96.269	26.239	7.583.283	7,576.192	
1840	97.736	25,523	7,690,654	7,658.734	
1841	98 297	25,785	7.675.594	7.638.828	
1842	97.500	26.100	6,864,053 88	6.711.503 88	
1843	96.938	25.867	6.924.907 42	6,769 257 72	
1844	96.514	25.438	6.953.405 01	6,808,933 01	
1845	96 788	25.034	6.819.635 62	6.674,018 04	
1846	96 961	26.548	6.950.083 29	6,950,083 29	
1847	98.964	26,781	7,127,904 95	»	
1848	100 087	26 954	7,081.176 56	»	

Enfin, en 1862, le service des Enfants-trouvés coûtait à l'État 6,600,008 fr.

BIBLIOGRAPHIE

DOCUMENTS LÉGISLATIFS, ADMINISTRATIFS, ETC.,

CONCERNANT LES

ENFANTS-TROUVÉS

ABANDONNÉS ET ASSISTÉS

Loi de l'Empereur Constantin aux officiers publics de l'Italie, leur enjoignant de secourir les enfants indigents. *Cod. Theod.*, tit. I, lib. 5, tit. 6. (315.)

Loi de l'Empereur Constantin aux officiers publics de l'Afrique, leur enjoignant de secourir les enfants indigents. *Cod. Theod.*, lib. 5, tit. 7, *de expositis*. (322.)

Loi de l'Empereur Constantin autorisant l'esclavage des enfants-trouvés, *secundum statuta priorum principum*. (329.)

Loi de l'Empereur Constantin, invitant les étrangers à subvenir aux besoins des enfants exposés qu'il pourront posséder à titre d'esclaves. (*Cod. Theod.*, lib. 5, tit. 7. *De expositis.*) (331.)

Décret de Valentinien, Valens et Gratien, portant défense à tout maître ou patron d'une fille esclave de revendiquer l'enfant de cette dernière, s'ils sont les auteurs de l'exposition. (*Cod. Just.*, liv. I. II.) (374.)

Décret de Valentinien, Théodose et Arcadius, publié en abolition des lois anciennes qui accordaient le droit de propriété des enfants abandonnés à ceux qui les avaient élevés. (391).

Décret d'Arcadius et Honorius, renouvelant la défense stipulée dans le décret de 374. *Cod. Theod.*, lib. V, tit. VII. *De expositis*. 412.)

Loi d'Honorius, exigeant que la prise de possession des enfants exposés fût faite devant l'église et en vertu d'actes réguliers. (*Code Théod.* V. tit. 7, b. 1.)

Concile de Vaison, déclarant les enfants exposés esclaves de ceux qui prendront soin d'eux. D'après les dispositions du *Code Théodosien*. Pour le texte voyez : *Consilior. Collectio Harduini, Paris*, 1715. tom. 1er, pag. 1790. can. IX. X. (442, *Concilium Vasense.*)

Concile d'Arles, rappelant que les enfants exposés demeureront la propriété de ceux qui les auront élevés. Pour le texte, voyez : *Collect. concilior. Harduini*... tom. II, pag. 1777., can. LI. (452, *Concilium Arelatense.*)

Apparition du Code de Théodose II Empereur d'Orient, connu sous le nom de Code Théodosien, où sont maintenues les lois relatives aux enfants-trouvés. (458 F.)

Concide d'Agde, renouvelant les dispositions des conciles de 442 et 452, sur le droit de propriété des enfants-trouvés. Pour le texte, voyez : *Concilium Ph. Labbe*, tom. IV, pag. 1387, can. XXIV. — *Paris*, 1621. (506, *Concilium Agathense.*)

Concile de Mâcon, en faveur de l'esclavage des enfants exposés. Pour le texte, voy : cap. VI. *Apud Burchardum*. (581, *Concilium Matisconense.*)

Capitulaire de Charlemagne adoptant les dispositions du Code Théodosien et du concile d'Arles, déclarant les enfants exposés esclaves de ceux qui les ont élevés. [Pour le texte, voyez : *Baluze et de Chiniac*. capit. Reg. Franc. — *Paris*, 1780, pag. 947, etc. (744.)

Lettre d'Innocent III, du X des kalandes de mai, 1198, approuvant la création d'un hôpital dans la ville de Montpellier, admettant les hommes malades et les enfants exposés. (1198, 22 avril.)

Lettre d'Innocent III confirmant les privilèges de l'ordre hospitalier du Saint-Esprit, établi à Rome en faveur des malades et des enfants exposés. (1198, 23 avril.)

Lettres-patentes confirmatives d'une ordonnance de l'évêque de Paris, portant approbation d'une confrérie pour secourir les pauvres enfants de la capitale. (1362, mars.)

Lettres-patentes confirmatives de la fondation de la confrérie du Saint-Esprit et de sa destination à ne recevoir que les enfants orphelins procréés en légitime mariage. (1445, 4 août.)

Arrêt par lequel le ministère public exerce les actions des enfants-trouvés pour faire valoir leurs droits à l'assistance contre l'évêque, le chapelin métropolitain et divers monastères de Paris. (1546, 15 septembre.)

Déclaration du Roi portant permission à l'hôpital des Enfants de Dieu, de recevoir des orphelins des indigents de Paris, et des enfants des pères et mères qui meurent à l'Hôtel-Dieu. (1547, 9 juillet.)

Arrêt qui impose aux seigneurs hauts-justiciers de contribuer, dans l'étendue de la ville et des faubourgs de Paris, à l'entretien, subsistance et éducation des enfants exposés. (1552, 13 août.)

Edit de Henri II, qui prononce la peine de mort contre les filles qui, ayant caché leur grossesse et leur accouchement, laissent périr leurs enfants sans qu'ils aient reçu le baptême. (1556)

Edit du Roi portant que les effets mobiliers des enfants décédant à l'hôpital du Saint-Esprit, appartiendront à l'établissement. 1566, juillet.)

Les édict, ordonnances et réglement sur l'administration du revenu des hostels Dieu, hospitaux, léproseries, maladeries, etc., aultres lieux pytoyables de ce royaume, ensemble la fondation et institution de la maison de charité chrestienne, fondée en la ville de Paris, et premièrement, commençant aux faux-bourgs Sainct-Marcel, (22 novembre 1535, 25 janvier 1580.) — *Paris*, 1585, in-8°. (1535, 22 novembre. — 1580, 25 janvier.)

Réglement à faire pour les enfants-trouvés et exposés de la ville et faubourgs de Paris. (s. l. n. d., in-8°, pièce, 1639, 31 décembre.) [par Hardy.]

Lettres-patentes faisant don à l'hôpital des Enfants-Trouvés de quatre mille livres à prendre sur la ferme et châtellenie de Gonesse. (1642, juillet.)

Lettres-patentes donnant à l'hôpital des Enfants-Trouvés une somme de huit mille livres à prendre annuellement sur le revenu de cinq grosses fermes. (1644, juin.)

Mois de mai-octobre 1652. Relation sommaire contenant le dénombrement des dix à douze mille pauvres des paroisses de faubourgs de Paris, dont les paroissiens sont dans l'impuissance de les secourir; ce qui s'est fait pour l'établissement des potages en quelques-unes desdites paroisses, pour retirer des pauvres filles des champs abandonnées par les rues... (s. l. n. d.), in-4°. (1652, mai-octobre.)

Arrêt du Parlement de Paris, qui fait défense à tous messagers, rouliers, voituriers et conducteurs de coches, tant par eau que par terre, d'amener à Paris aucuns enfants qu'ils en aient sur leurs livres les noms et surnoms, ainsi que les noms et surnoms de ceux qui les en auront chargés, et l'adresse de ceux entre les mains desquels ils les doivent remettre dans Paris, à peine de punition corporelle. (1663, 8 février.)

Arrêt du Parlement concernant la nourriture des enfants-trouvés. (1667, 3 mai.)

Arrêt du Parlement portant que les seigneurs hauts-justiciers seront tenus de satisfaire à la dépense et nourriture des enfants pauvres et inconnus exposés sur leurs terres..... (1667, 3 septembre.)

Arrêt du Parlement qui ordonne l'exécution de l'arrêté du 3 mai 1667, portant que les seigneurs hauts-justiciers de la ville et des faubourgs de Paris seront cotisés pour la nourriture et entretien des enfants-trouvés, et que les fermiers receveurs desdits seigneurs seront tenus de payer les sommes fixées par ledit arrêt. (1668, 23 juin.)

Edit du Roi pour l'établissement de l'hôpital des Enfants-Trouvés, uni à l'Hôpital-Général. (Arrêté au Conseil d'Etat, le 21 juillet.) [1670, 21 juin.]

Edit du Roi prescrivant les visites et la surveillance à faire dans les hôpitaux des Enfants-Trouvés. (1670, 21 juillet.)

A la gloire de Dieu et à l'honneur de la miséricorde. — (Paris), imp. de M. Le Prest, (s. d.), in-4°, pièce. [Circulaire en faveur des enfants-trouvés.] (1671, 5 décembre.)

Arrêt du Conseil d'Etat portant don à l'hôpital des Enfants-Trouvés de Paris, de vingt mille livres à prendre annuellement sur les domaines de Sa Majesté. (1674, 1er décembre.)

Lettres-patentes confirmatives du don fait par le Roi, à l'hôpital des Enfants-Trouvés, de vingt mille livres à prendre annuellement sur les domaines de Sa Majesté. (1675, 12 février.)

En l'honneur du saint enfant Jésus. — Paris, imp. de M. Le Prest (s. d.), pièce in-4°. [Au sujet de l'état déplorable de l'hôpital des Enfants-Trouvés.] (1676.)

Arrêt du Conseil d'Etat qui unit à l'Hôpital-Général les revenus de la confrérie de la Passion et Résurrection de N. S., pour être employés à la nourriture et entretien des enfants-trouvés. (1676, 14 avril.)

Abrégé historique de l'établissement de l'hôpital des Enfants-Trouvés de Paris. — *Paris*. (1676).

Fait à Paris, l'an 1677. Médecin chrétien et sans intérêt. Femmes en travail d'enfant. (S. l. n. d.) in-4°, pièce. (1677.)

Arrêt du Parlement qui enjoint aux personnes qui ont des enfants dans l'Hôpital-Général, qu'ils peuvent nourrir, de les retirer tous sous huitaine, à peine d'amende de six livres quatre sols par jour qu'elles y laisseront lesdits enfants, et fait défense à tous les Savoyards et Dauphinois de faire, sous les mêmes peines, *geuser* les enfants qu'ils amèneront à Paris. (1680, 15 février.)

Déclaration du Roi qui unit l'administration des biens des hôpitaux du Saint Esprit et des Enfants-Rouges, à celle de l'Hôpital-Général. (1680, 23 mars.)

Déclaration du Roi portant union de l'administration des biens de l'hôpital du Saint-Esprit à celle de l'Hôpital-Général. Régistré en parlement, le 12 avril. (1680, 23 mars.)

Déclaration du Roi portant union de l'administration des biens de l'hôpital des Enfants-Rouges à celle de l'hôpital des Enfants-Trouvés. (1680, 20 mai.)

Réglement de la maison des Orphelins et de travail des villes de l'empire. — Francfort-sur-Mein. [En allemand.] (1680.)

Dissertation juridique sur les orphelins, par Sach. [En latin.] 1694.)

Délibération du bureau de l'Hôpital-Général de Paris et de celui des Enfants-Trouvés qui y est uni; visite des enfants-trouvés mis en nourrice à la campagne. — Extrait. (1703, 21 juillet.)

Séances du bureau de l'Hôpital-Général de Paris; allaitement des enfants de la maison de la Couche. — Extrait. (1704, 9 janvier.)

Par permission du Roi, loterie en faveur de l'Hôpital-Général des enfants-trouvés de Paris. — *Paris*, Thiboust, pièce in-8°. (1704, 9 janvier.)

Déclaration de Louis XIV qui ordonne la publication ds l'édit précédent aux prônes des messes paroissiales. (1708.)

Description de la maison des Orphelins de Jittaux, par Granwald. — *Leipsig*. [En allemand.] (1710.)

Extrait des registres des séances du bureau de l'Hôpital-Général de Paris; visite des enfants-trouvés, placés à la campagne et traitant la destination de la maison du faubourg Saint-Antoine. (1712, 3 mai.)

Quelles seraient les moyens les plus économiques à la subsistance et à l'éducation des enfants-trouvés, sans nuire à l'Etat? par Ant. Quadri. — *Padoue*. [En italien.] (1749.)

Avis sur les maisons des orphelins de Jollichari, par Steimhards. — En allemand. (1734.)

Liste ordinale contenant les numéros gagnants... de la loterie accordée en faveur des enfants-trouvés de Paris..., tirée dans la grande salle de l'Archevêché... — *Paris;* imp. de Ç. L. Thiboust (s. d.), pièce in-4°. (1735, 9 avril.)

Description de la maison des Orphelins et Enfants-Trouvés de Dresde. — En allemand. (1737.)

Abrégé historique de l'établissement de l'hôpital des Enfants-

Trouvés. — *Paris*, Thiboust, 1746, in-4° de 14 pages. [Par Arrault, publié de nouveau en 1788 par le même éditeur.] (1746.)

Projet de souscription pour la chapelle des Enfants-Trouvés; exécutée, quant à l'histoire, par M. Natoire, peintre ordinaire du Roi, et par M. Brunetti père et fils, quant à l'architecture, dont on trouve une description dans le *Mercure* du moi de juillet 1750. — *Paris*, imp. de Saint-Jorry (s. d.), pièce in-4°. (1750.)

Privilége de Sa Majesté pour la maison des Orphelins et Enfants-Trouvés de la ville de Copenhague, par Aim. — En danois, avec plan. (1753.)

Réglements faits par le bureau de l'hôpital des Enfants-Trouvés, pour être observés lors de l'envoi des filles dudit hôpital en apprentissage, et lorsqu'elles sont confiées à ceux qui les demandent pour les élever. [D'après délibérations des 10 août 1733, 10 novembre 1742, 25 octobre 1752 et 30 octobre 1753.] (1733, 10 novembre, — 1753, 30 octobre.)

Délibération du bureau de l'Hôpital-Général concernant la loterie en faveur des enfants-trouvés, par Aim. — *Paris*. (1742 à 1753.)

Enfants exposés, articles de l'*Encyclopédie de Diderot*. — Tome V, in-f°. (1755).

Rapport sur l'école des pauvres et orphelins de Wittimberg. — En allemand. (1756.)

Deux Mémoires : le premier sur la conservation des enfants et une destination avantageuse des enfants-trouvés; le second sur l'hôpital Saint-Jacques; leur état actuel et leur véritable destination. — (S. l.), in-8°. [Par de Chamousset.] (1756.)

Réglement concernant les enfants-trouvés, arrêté au bureau de l'Administration de l'Hôpital-Général. (1761, 7 janvier.)

Extrait du registre des délibérations du bureau de l'Hôpital-Général, du mercredi 7 janvier 1761... — *Paris*. 1761, pièce in-4°. [Réglement concernant les enfants-trouvés.] (1761).

Extrait du registre des délibérations du bureau de l'Hôpital-

Général; approbation du réglement sur les enfants-trouvés. [La Commission observe, entre autres, que les enfants-trouvés, passant les premières années de leur enfance dans les campagnes, ne connaissent d'autre patrie que les lieux où ils ont été élevés, que c'est les expatrier que de les en retirer à l'âge de cinq à six ans.] (1761, 7 janvier.)

Réglement de l'Hôpital-Général qui affecte des récompenses aux nourrices des enfants-trouvés, afin de les attirer et surtout de les attacher aux enfants. [Le prix des mois de nourrice était fixé à 8 livres, c'est-à-dire 15 fr. d'aujourd'hui, pour le premier mois de la vie de l'enfant, 7 livres de 1 mois à 1 an, 6 livres de 1 an à 2 ans et 5 livres de 2 ans à 7 ans, époque à laquelle finissait le sevrage......] (1761, 7 janvier.)

Lettre écrite à MM. les Intendants des provinces, par M. le duc de Choiseul; exemption de la milice pour les enfants des particuliers qui élèveront des enfants-trouvés. [Cette lettre se ressent beaucoup de l'esprit de l'époque à laquelle elle fut écrite ; il y est dit que le chef de famille qui élèvera un enfant-trouvé mâle, aura la liberté de dispenser de tirer à la milice, celui de ses enfants propres, frères ou neveux... qu'il voudra faire représenter par ledit enfant-trouvé.] (1761, 5 avril.)

Décision royale qui autorise le remplacement à la milice des enfants de famille par un enfant-trouvé, élevé gratuitement par la famille du remplacé. (1761, 5 avril.)

Avis sur les dons gratuits pour la maison des Orphelins d'Auassadt, par Masche. — *Amsterd.* [En allemand.] (1763.)

Réglement concernant les nourrices et les meneurs des enfants-trouvés, arrêté au bureau de l'Administration de l'hôpital des Enfants-Trouvés. (1765, 24 septembre.)

Statuts et réglements de l'hôpital des cent filles orphelines de Notre-Dame de la Miséricorde, fondé par M. le président Séguier, en 1623. — *Paris*, imp. de Batard, in-4°. (1766.)

Notices et observations sur les enfants-trouvés; deuxième volume de l'ouvrage intitulé : *de la Conservation des Enfants*, par Raulin. — *Lyon*, (1768.)

Historique de la maison des Orphelins de Hambourg, par Kich. — *Hambourg*. [En allemand.] (1769.)

Œuvres de Dieu dans la fondation et la conservation miraculeuse de la maison des Orphelines de Nord-Hansel, par Gral. — En allemand. (1769.)

[Avis concernant le bureau général des nourrices et les mesures qui doivent recevoir leur exécution à partir du 1er janvier 1770, commençant par ces mots : « De par M. de Sartine... »] — *Paris*, Gueffier (s. d.), pièce in-8°. (1770, 1er janvier).

Déclaration du Roi portant attribution de différents droits pendant trois années, en faveur de l'Hôpital-Général des enfants-trouvés. — Registré en parlement, le 13 août. (1771, 26 juillet.)

Lettres-patentes portant suppression de l'hôpital des Enfants-Rouges, et union de ses biens à l'hôpital des Enfants-Trouvés de Paris. (1772, mai.)

Extrait du registre des délibérations du bureau de l'Hôpital-Général : ceux qui se sont chargés d'enfants-trouvés, ne pourrant les retenir après l'âge de vingt-cinq ans, qu'en leur payant un gage suivant l'usage du pays. (1772, 3 août.)

Extrait du registre des délibérations du bureau de l'Hôpital-Général, à l'effet de demander des ordres aux secrétaires d'Etat, pour que les généralités cessent d'envoyer à Paris les enfants-trouvés de leurs départements. (1772 14 décembre.)

Extrait du registre des délibérations du bureau de l'Hôpital-Général : fixation des mois de nourrice, à raison de 6 livres la deuxième année, de 5 livres la troisième et les suivantes jusqu'à la septième. — Extrait. (1773, 1er mars.)

Réglement concernant les inspecteurs de tournées pour la visite des enfants-trouvés ; arrêté au bureau de l'administration de l'Hôpital-Général. (1773, 7 juin.)

Arrêt du Parlement de Paris qui approuve le réglement du 7 juin 1773, concernant les enfants-trouvés. (1773, 14 juin.)

Extrait des registres des délibérations du bureau de l'Hôpital-Général : nécessité de ne recevoir à l'hospice des Enfants-Trouvés, que les nouveaux-nés destitués de secours. (1773, 19 juillet.)

Extrait du registre des délibérations du bureau de l'Hôpital-

Général : visites des enfants-trouvés en Picardie et en Normandie ; honoraires des curés pour l'inhumation des enfants-trouvés. (1774, 17 janvier.)

Réglement concernant les enfants-trouvés de Paris, arrêté au bureau de l'Administration. (Réglement général, embrassant tout le service des enfants-trouvés.) (1774, 28 mars.)

Extrait du registre des délibérations du bureau de l'hôpital des Enfants-Trouvés : payement de 40 sous accordés à la nourrice qui viendra à Paris pendant les mois de juillet, août, décembre, janvier et février, en sus des 8 livres du premier mois de nourrice. (1775, 2 mai.)

Consultation médico-légale sur la nourriture et le traitement des enfants-trouvés malades, par Gardanne. — *Paris*. (1775.)

Réglement concernant les meneurs et leurs cautions, arrêté au bureau de l'hôpital des Enfants-Trouvés. (1776, 10 avril.)

Rapport sur l'état de la maison des Orphelins de Vienne, par Parhammer. — *Vienne*, en allemand. (1776.)

Arrêt du Conseil d'État liquidant à 172,307 livres 7 sols 8 deniers, l'indemnité revenant annuellement à l'hôpital des Enfants-Trouvés, et à Sainte-Geneviève pour la réunion de la loterie des enfants-trouvés à la loterie royale de France, de laquelle comme il en revient à l'hôpital des Enfants-Trouvés celle de 97,602 livres 5 sols 4 deniers, faisant avec celle de 42.632 livres 12 sols 4 deniers, que Sa Majesté, par ledit arrêt accorde pour secours audit hôpital des Enfants-Trouvés la somme de 140,234 livres 17 sols 8 deniers, et l'indemnité à Sainte-Geneviève montant à 74,765 livres 2 sols 4 deniers, le tout faisant 215,000 livres. (1777, 16 avril.)

Histoire des maisons d'enfants-trouvés et orphelins, par Bukmann. — En allemand. (1778.)

Questions intéressantes pour un État, relativement aux enfants-trouvés, par Block. — En allemand. (1778.)

Arrêt du Conseil d'État qui fait défenses à tous messagers et voituriers, sous peine de mille livres d'amende, de se charger d'aucun enfant abandonné et nouvellement né, à moins que ce ne soit pour le conduire en nourrice ou à l'hô[pital des] Enfants-Trouvés le plus voisin. (1779, 10 janvier.)

Les maisons d'enfants-trouvés sont-elles nuisibles ou avantageuses? par Meisseur. — *Gottingue*. En allemand. (1779.)

Institution des enfants-trouvés atteints de maladies vénériennes, à Vaugirard. — *Paris*. (1780.)

Rapport sur les enfants-trouvés, sur les moyens de les élever spécialement; sur la nourriture et les aliments, à défaut de lait de femme. — *Paris*. (1780).

Rapport sur la maison des Orphelins de Landau. — En allemand. (1780.)

Lettres-patentes portant union de l'hôpital de Saint-Jacques à celui des Enfants-Trouvés, et permission aux administrations de cette maison, d'acquérir des terrains et bâtiments pour y recevoir les enfants nouveaux-nés, atteints de maladies communicables. (1781, mai.)

Hospice des pauvres enfants nouveaux-nés atteints du mal vénérien, situé à Vaugirard. — *Paris*, P. D. Pierres, in-4°. (1781.)

Comment les maisons d'orphelins doivent être établies, par Ruell. — *Gottingue*. En allemand. (1783.)

Histoire de l'institution des Orphelins de Saint-Jean-de-Prague, par Carnova. — *Prague*. En allemand. (1783.)

Abrégé historique des hôpitaux, contenant leur origine, les différentes espèces d'hôpitaux..... et les suppressions et changements faits dans les hôpitaux en France, par les édits et réglements de nos Rois, par l'abbé de Recalde. — *Paris*, Guillot, in-12, pièce. (1784.)

Notice sur la compagnie de MM. de charité, pour l'assistance des prisonniers et la délivrance de ceux détenus pour dettes de mois nourrices. — (S. l. n. d.), in-8° de 20 p. (1746-1784.)

Vaut-il mieux élever les enfants-trouvés dans des maisons d'orphelins, ou chez des particuliers? par Starck. — *Hanau*. En allemand. (1788.)

Esquisse sur l'éducation des pauvres, et des enfants-trouvés, par Lunebourg. — *Vienne*. En allemand. (1785.)

Extrait des registres du bureau de l'Hôtel-Dieu d'Étampes. — *Paris*, imp. de Monsieur, 1785, in-4°. (Par M. Gabaille, procureur du Roi, d'après une note manuscrite.) (1785.)

Projet de réglement pour l'hôpital général de la Charité, aumône-générale et enfants-trouvés de Lyon..., par M. Périsse-Duluc, in-4°. (1785, 4 mai.)

Discours sur les moyens compatibles avec les bonnes mœurs, d'assurer la conservation des bâtards, et d'en tirer une plus grande utilité pour l'État. Objet du prix proposé par la Société Royale des Sciences et des Arts de Metz, pour l'année 1787, par M. de M***, officier d'infanterie. — *Londres et Paris*, Delalain le jeune (s. d.), in-12. (1787.)

De l'éducation des orphelins, par Godsbeck. — *Lambourg*, En allemand. 1787.)

De l'institution de la maison des Orphelins de Bamshopp; par Finck. — *Lipp-Detmold*, en allemand. (1787.)

Mémoire sur cette question : quels seraient les moyens compatibles avec les bonnes mœurs, d'assurer la conservation des bâtards, et d'en tirer une plus grande utilité pour l'État? Ouvrage qui a remporté le prix de la Société Royale des Sciences et des Arts de Metz, en 1787, par M. de Bousnard... — *Metz et Paris*, 1788, in-8°. (1787).

Précis sur l'hospice d'orphelines, fondé en 1787, dans la ville d'Ober-Ehnheim, par le chanoine Louis Rumpler de Rorbach. — (S. l. n. d.), in-4°, pièce. (1787).

Projet pour établir d'une manière avantageuse les maisons d'orphelins à peu de frais. — *Francfort*. (En allemand.) (1787.)

Réflexions adressées au Roi sur l'injustice des préjugés qui couvrent d'ignominie les filles devenues mères, et la barbarie qui condamne les enfants-trouvés à l'avilissement et à la misère. — *Paris*. (1787.)

De la moralité des enfants de l'État dans son rapport avec la morale universelle, et avec la santé publique. — *Paris*. (1788).

Mémoire au sujet de l'hôpital des orphelins du Saint-Esprit... Arrêté au bureau de l'Administration de l'Hôpital-Général. — *Paris*, Seguy-Thiboust, in-4°, (1789, 19 octobre.)

Plans d'établissement à former, sous la direction de la maison philanthropique de Paris, pour élever les enfants-trouvés, sans leur donner de nourrices. Discours lu au comité de la maison, par M. de Gestas... — *Paris, Clousier*, 1789, in-8°, pièce. (1789, 1er décembre.)

Mortalité de l'hôpital des Orphelins de Bruschsal, par Berustiel. En allemand. (1789.)

Compte rendu à la Convention nationale, par Jean-Marie Roland..., de toutes les parties de son département..., le 6 janvier de l'an II de la république... *Enfants de la Patrie.* (1790, an II, 6 janvier.)

A Monsieur le chevalier Dervieu de Villars, commandant général de la milice nationale de Lyon. in-8°. [Relativement à la formation du bureau de bienfaisance pour les mères nourrices, signé : A. Figuet..., suivi de pièces y relatives.] (1790, mai.)

Décret portant suppression de divers, rentes, indemnités, etc., et la Commission établie pour le soulagement des maisons religieuses. [Sanction du 21 septembre.] (1790, 10 septembre.)

Décret qui met à la charge des municipalités et des déprrtements, la dépense des enfants-trouvés. (1790, 10 décembre.)

Loi qui décharge les ci-devant seigneurs hauts-justiciers de l'obligation de nourrir les enfants abandonnés, et qui règle la manière dont-il sera pourvu à la subsistance de ces orphelins. [Décret du 29 novembre.] — (1780, 10 décembre.)

Calculs sur la grande mortalité des enfants-trouvés en nourrice. Extrait du *Moniteur* n° 121. (1790.)

Instructions adressées par ordre du Roi aux directoires de département, concernant le remboursement sur le Trésor public, des dépenses correspondantes à l'année 1790 seulement, qui auront été avancées par les Hôpitaux pour la nourriture et l'entretien des enfants-exposés; dans celle des anciennes provinces où ces avances étaient remboursées sur le domaine ou sur le Trésor public. — *Paris*, imp. Royale, in-4°, pièce. (1790.)

Mémoire pour l'Hôpital-Général de Paris et pour celui des Enfants-Trouvés de cette ville. — *Paris*, Seguy-Thiboust, in-8° pièce. (1790.)

Mémoire surles enfants-trouvés ; par Pazet Saint-Étienne. (1790.)

Observation sur les enfants-trouvés de la Généralité de Soissons, par M. de Montlinot. — *Paris*, imprimerie Royale, in-8°, pièce. (1790.)

Plan d'établissements des hôpitaux pour les enfants-trouvés. Extrait du *Moniteur*, n° 17. (1790).

Projet d'établissement pour l'administration des enfants-trouvés, par Roque, médecin à Beauvais. — *Beauvais*. (1790.)

Réflexions sur les hôpitaux et les travaux de Mousselinot, par Peuchet. (1790.)

Loi relative au payement de la somme de 4,058,204 livres, destinée pour les enfants-trouvés, les dépôts de mendicité, etc. Décret du 29 mars. (1791, 3 avril.)

Extrait de la Constitution décrétée par l'Assemblée constituante, concernant les enfants-trouvés. (1791, 3 septembre.)

Loi qui autorise la trésorerie nationale à payer aux hôpitaux le trimestre d'avance, pour l'entretien des enfants-trouvés dont ils sont chargés. Décret du 28 juin. (1791, 11 septembre.)

Plan du travail du comité pour l'extinction de la mendicité, présenté à l'Assemblée nationale, par M. de Larochefoucauld de Liancourt : secours à donner aux enfants. (1791.)

Loi relative aux hôpitaux, maison et établissements de secours de divers départements. Décret des 17 et 19 janvier. (1792, 22 janvier.)

Décret relatif au remboursement à faire à certains hôpitaux pour la dépense des enfants-trouvés pendant les années 1791 et 1792. (1792, 15 août.)

Décret sur le mode de constater l'état civil des citoyens. Extrait concernant les enfants-trouvés. (1792, 20 septembre.)

Pétition faite au nom des orphelins du Saint-Esprit..., par M. l'abbé Petit-Radel..., in-8° pièce. (1792.)

Décret qui met à la disposition du Ministre de l'Intérieur 1,500,000 livres, pour l'entretien des enfants-trouvés. (1793, 9 janvier.)

Décret qui met à la disposition du Ministre de l'Intérieur 1,200,000 livres pour la dépense des hôpitaux, des enfants-trouvés. (1793, 15 février.)

Décret qui met des fonds à la disposition du Ministre de l'intérieur, pour les enfants-trouvés... (1793, 5 mai.)

Décret de la convention concernant la nouvelle organisation des secours publics. *Article relatif aux enfants-trouvés.* (1793, 19 mai.)

Loi contenant l'organisation des secours pour les enfants, les vieillards et les indigents. (1793, 28 juin.)

Décret portant que les enfants-trouvés porteront le nom d'enfants-naturels de la Patrie. (1793, 4 juillet.)

Décret qui fixe le taux des indemnités à accorder aux familles ou individus, qui sont demeurés chargés d'enfants-abandonnés. 1793, 19 août.)

Décret sur l'extinction de la mendicité. Extrait concernant les enfant-trouvés. (1793, 15 octobre.)

Décret relatif à l'éducation des enfants, dont les pères et mères auront subi un jugement emportent confiscation des biens. (1793, 9 novembre.)

Législation. Enfants naturels. Observations importantes, soumises aux législateurs, par un républicain. — *Paris,* imp. de Prault, 1793, in-4° pièce. (1793).

Décret qui accorde un secours à la citoyenne Braconnier, pour l'aider à élever son enfant issue d'union illégitime. (1794, 5 février.)

Décret qui règle les formalités à observer pour les réclamations d'indemnités de la part des citoyens chargés d'enfants abandonnés. (1794, 24 mars.)

Décret qui accorde 4,000,000 livres pour dépenses des orphelins des hospices, abandonnés ou allaités par leur mère. (1794, 27 mars.)

Loi qui ordonne de recevoir parmi les enfants de la patrie ceux des habitants de Saint Domingue et des autres colonies françaises, âgés de moins de 15 ans, qui se trouvent en France, et dont les parents ont souffert des troubles qui ont agité ces colonies. (1794, 16 novembre.)

... La municipalité de Commune-Affranchie, aux citoyennes des campagnes et à celle de la même commune. — *Commune-Affranchie*, imp. de Destefanis (s. d.), in-4° pièce. [Signé : Ricou, secrétaire-greffier.] [Demande de nourrices pour les enfants exposés.] (1894, an II, 11 thermidor.)

Décrets relatifs aux enfants qui ont perdus leurs parents par suite de condamnations judiciaires. (An II, 13 et 19 brumaire.)

Description de la maison de Hall et de la fondation de Franck qui en dépend. En allemand. (1794.)

Essai de l'histoire de la maison Ducale des orphelins de Weimar, par Schulz. — *Weimar*, en allemand. (1795.)

Arrêté qui détermine un mode provisoire pour le payement du salaire des nourrices des enfants abandonnés, élevés aux frais de la république. (1796, 23 juin.)

Arrêté relatif au payement des mois de nourrice. (An V, 5 messidor.)

Arrêté sur la manière d'élever et d'instruire les enfants-trouvés. (An V, 30 ventôse.)

Loi relative à la réception des enfants abandonnés dans les hospices. (1796, 17 décembre.)

Arrêté concernant la manière d'élever et d'instruire les enfants abandonnés. (1797, 20 mars.)

Loi qui affecte des fonds aux dépenses des hospices civils, et des enfants de la patrie. (1798, 12 septembre.)

Loi qui détermine l'ordre de distribution des fonds alloués pour les Enfants de la Patrie. (1798, 12 septembre.)

Loi qui ordonne un prélèvement sur les contributions directes, pour le service courant et arriéré des hospices civils et des Enfants de la Patrie.

Arrêté qui affecte au payement des mois de nourrice des enfants abandonnés, les portions d'amendes et de confiscations destinées au soulagement des pauvres et des hôpitaux. (1800, 15 avril.

Circulaire du Ministre de l'Intérieur aux préfets, relativement aux amendes et confiscations attribuées par les lois aux établissements de bienfaisance. — An VIII, 15 messidor. (1800, 4 juillet.)

Circulaire du Ministre de l'Intérieur relativement aux mesures à prendre pour détruire les abus existants dans les admissions. — An IX, 23 ventôse. (1801, 14 mars.)

Arrêté du Ministre de l'Intérieur sur le placement en apprentissage des enfants. — An IX, 8 pluviôse. (1801, 28 janvier.)

Arrêté qui détermine le mode de paiement et autres dépenses administratives. (1801, 17 octobre.)

Essai sur les enfants-trouvés, par ***. — *Chalons-sur-Marne.* (1801.)

Tableau historique des établissements publics répandus dans l'Europe, consacrés à assurer des secours aux enfants abandonnés, par Schiegel. — *Strasbourg.* (1801.)

Arrêté consulaire qui détermine le mode de paiement, de traitements et autres dépenses administratives et judiciaires des enfants-trouvés. — [Concernant les dépenses relatives aux enfants abandonnés et diverses autres attributions. — An X, 25 vendémiaire.] (1802, 17 octobre.)

Loi sur les contributions foncière, personnelle, somptuaire et mobiliaire de l'an XI. (Extrait.) — [Cette loi, entre autres dispositions, spécifie que les dépenses relatives aux enfants-trouvés seront à la charge des départements.] — An X, 13 floréal. (1802, 3 mai.)

Code des enfants naturels, par Vermeil. *Paris.* (1802.)

Des actes de l'État civil. Chapitre II du Code civil. Art. 38, concernant l'état civil des enfants-trouvés. Décret du 20 ventôse, an XI, promulgué le 30 ventôse, (21 mars.) — An XI, 20 ventôse. (1803, 11 mars.)

Rapport au Conseil général des hospices; les secours à domicile, la direction des nourrices. — *Paris*, imp. des hospices civils, in-4°. (An XI, fructidor.)

Décret impérial sur les sépultures. — Extrait concernant les enfants-trouvés — An XII, 23 prairial. (1804, 12 juin.)

Le conservateur de la santé des enfants, contenant plusieurs détails sur les enfants-trouvés en angleterre, par W. Buchan Duverne de Praille. — *Paris*. (1804.)

De la maison des orphelins de Kœnisberg, par Matzger. — *Kœnisber*. En allemand. (1804.)

Doit-on conserver les maisons d'orphelins, par Ruckee. — *Kœnisberg*. En allemand. (1804.)

Circulaire concernant les mesures à prendre pour détruire les abus existant dans l'admission des enfants-trouvés, et fixation des mois de nourrice. (An XIII, 23 ventôse.)

Arrêté du Ministre de l'Intérieur relatif à la mise en apprentissage des enfants-trouvés et abandonnés. (An XIII, 8 pluviôse.)

Loi relative à la tutelle des enfants-trouvés. (An XIII, 15 pluviôse.)

Lettre d'un gouverneur de l'hospice des Enfants-Trouvés sur la nourriture des enfants, depuis leur naissance, jusqu'à l'âge de trois ans, par Cadogan. *Londres*. En anglais. (1805.)

Organisation de l'administration générale des hôpitaux, hospices civils, enfants abandonnés, secours à domicile et direction des nourrices de la ville de Paris; en exécution du décret du 7 floréal an XIII, de l'arrêté du Ministre de l'Intérieur du 20 vendémiaire, an XIV, et celui du Conseil général du 15 brumaire suivant. — *Paris*, in-8°. (1805.)

Loi et décret sur le mode de recouvrement du prix des mois de nourrice des enfants de la ville et banlieue de Paris. (1806, 25 mars.)

Décret impérial concernant le service dans les églises et les convois funèbres. — Extrait. (1806, 18 mai.)

Décret Impérial concernant l'administration du bureau des nourrices de la ville de Paris. (1806, 30 juin.)

Décret Impérial concernant le mode de rédaction de l'acte par lequel l'officier de l'état civil constate qu'il lui a été présenté un enfant sans vie. (1806, 4 juillet.)

Rapport sur les hôpitaux et les enfants qui y sont élevés, par Coupé, de l'Oise. (1806.)

Rapport sur le service des enfants-trouvés de la Seine. (1807.)

Discours prononcé par M. de Chauvelin, préfet du département de la Lys, à l'hospice des Orphelins de la ville de Bruges, dit Ecole-Bogaerde... — *Bruges*, G. de Busscher-Marlier (s. d.), in-8°, pièce. (1808, 15 mai.)

Mémoire historique et instructif sur l'hospice de la Maternité, par MM. Hucherard, Sausseret et Girault. — *Paris*, imp. des hospices civils, in-4°. (1808.)

Décret sur les amendes de police municipale, rurale et correctionnelle. — Concernant, entre autre, la nourriture des enfants abandonnés. (1809, 17 mai.)

Principaux détails sur l'établissement de la manufacture générale des apprentis pauvres et orphelins. — *Paris*. (1809.)

Loi décrétée et promulguée le 27 du même mois, portant entre autre, que toute personne qui, ayant trouvé un enfant nouveau-né, ne l'aura pas remis à l'officier de l'état civil, ainsi qu'il est prescrit par l'article 58 du Code civil, sera puni d'un emprisonnement de six jours à six mois, et d'une amende de seize francs à trois cents francs. Code pénal, titre II, chap. I, sect. 6, §. I. (1810; 27 février.)

Décret relatif à la fixation des dépenses départementales... (Extrait). Titre V. « Des enfants-trouvés : art. 13. Les fonds alloués en 1809 pour les enfants-trouvés sont alloués également pour 1810... (1810, 11 juin.)

Circulaire du Ministre de l'Intérieur sur le service des enfants-trouvés. (1810, 27 mars.)

Rapport du Ministre de l'Intérieur à Sa Majesté..., sur le nombre des enfants-trouvés, leur dépense... (1810, 29 août.)

Rapport du Ministre de l'Intérieur à S. M. l'Empereur et Roi, sur le nombre, les dépenses des enfants-trouvés et les améliorations à apporter dans ce service. (1810, 12 septembre.)

Lettre adressée par M. Berlier à S. Exc. le comte Regnault de Saint-Jean-d'Angély. — (Concernant, entre autres, ceux qui délaissent un enfant nouveau-né à la porte d'un hospice. Rapport, état du nombre des enfants-trouvés, etc. (1810, 2 octobre.)

Lettre sur un état des enfants-trouvés qui existaient en 1804 ou 1805. (1811, 14 janvier.)

Projet de décret concernant les enfants-trouvés. (1811.)

Décret concernant les enfants-trouvés et abandonnés et les orphelins pauvres. (1811, 19 janvier.)

Circulaire du Directeur général de la comptabilité des communes et des hospices aux préfets, relativement aux dépenses des enfants-trouvés. (1811, 15 juillet,)

Circulaire du Ministre de l'Intérieur relative à l'exécution du décret du 19 janvier précédent. (1811, 15 juillet.)

Décret sur les pupilles de la garde. (Inédit.) — (Le recrutement de ces bataillons se ferait en partie parmi les enfants-trouvés et abandonnés. Ce décret, suivi d'une longue et intéressante notice, se trouve imprimé à la page 118 des travaux de la commission des enfants-trouvés. (1811, 30 août.)

Circulaire du Directeur général de la comptabilité des communes et des hospices aux préfets sur la comptabilité communale, relativement aux dépenses des enfants-trouvés. (1812, 14 avril.)

Circulaire du Ministre de l'intérieur aux préfets, relativement aux noms et prénoms à donner aux enfants-trouvés. (1812, 30 juin.)

Comptes généraux des hôpitaux, hospices civils, enfants abandonnés; secours à domicile et direction des nourrices de la ville de Paris. — Recette, dépense, population, (par Péligot.)

An XI. Se vend au profit des pauvres. — *Paris*, imp. des hôpitaux et hospices civils, in-4°. (An XIII (1805), 1812.)

Bureau des hospices. Envoi d'instructions sur le service des enfants-trouvés. — [Lettre inédite, extraite des archives du Conseil d'Etat. (1813, 14 juin.)

Arrêté du ministre de l'Intérieur qui règle le mode à suivre pour la remise aux parents des enfants exposés ou abandonnés. (1813, 26 octobre.)

Circulaire du Directeur général de la comptabilité des communes et des hospices, aux préfets, relativement à la remise des enfants exposés et abandonnés, — [Arrêté le 26 octobre.] (1813, 17 novembre)

Circulaire du ministre de l'Intérieur aux préfets, relativement au remboursement de l'arriéré dû aux hospices, pour le service des enfants-trouvés des exercices antérieurs à 1814. (1814.)

Ordonnance du Roi relative à la comptabilité des communes. Art. 7, déclarant que les dépenses annuelles pour..., dépôt de mendicité et enfants-trouvés, alloués ou à allouer dans les budgets, continueront d'être à la charge des communes... (1815, 28 janvier.)

De l'établissement des maisons d'orphelins, par Pflaum. — *Stuttgard*. En allemand. (1815.)

Circulaire concernant l'emploi des amendes et confiscations attribuées à la dépense des enfants-trouvés. (1816, 22 mai.)

Circulaire du sous-secrétaire d'Etat de l'Intérieur aux préfets, relativement à l'état de mouvement et dépenses des enfants-trouvés. (1816, 18 octobre.)

De l'éducation des orphelins à Kœnisberg, par Burdach. — *Kœnisberg*. En allemand. (1816.)

Loi sur les finances, articles 52 et 53 : la dépense des enfants-trouvés est assimilée aux charges publiques, et cette dépense doit-être autorisée par la loi des finances de chaque année. (1817, 25 mars.)

Instruction sur le service des enfants-trouvés. (1817, 27 mars.)

Circulaire du sous-secrétaire d'Etat de l'Intérieur aux préfets, relativement au service des enfants-trouvés et abandonnés. (1817, 27 mars.)

Circulaire du sous-secrétaire d'Etat de l'Intérieur aux préfets, relativement au service annuel des Conseils municipaux, au sujet des dépenses des enfants-trouvés. (1817, 16 avril.)

Observations sur l'hôpital des Enfants-trouvés de Londres. — *Londres*. En anglais. (1817.)

Règles pour la direction, la protection et l'éducation des enfants exposés et abandonnés. — *Londres*. En anglais. (1817.)

Loi de finances. (Extrait). . . . .
Art. 67, sur les centimes additionnels à la contribution foncière et la contribution personnelle et mobilière, il sera prélevé 17 centimes pour les dépenses départementales. Art. 68..., 2° 6 centimes seront employés pour les enfants-trouvés et abandonnés... (1818, 15 mai.)

Circulaire du Ministre de l'Intérieur aux préfets, relativement au service des enfants-trouvés et abandonnés. (1818, 1er juin.)

Circulaire du sous-secrétaire d'Etat de l'Intérieur, relativement au service des enfants-trouvés. (1818, 27 juillet.)

Extrait du rapport au Roi... présenté par M. Lainé, ministre de l'Intérieur, sur la situation des hospices des Enfants-Trouvés..., chapitre II. (1818, 25 novembre.)

Résultat de l'inspection générale des enfants-trouvés de Paris, faite en 1818. — *Paris*. (1818.)

Circulaire du Directeur général de l'administration communale et départementale, relativement au service des enfants-trouvés. (1819, 20 juillet.)

Ordonnance du Roi sur l'emploi des amendes. — Art. 1er constatant qu'un tiers de ces amendes sera affecté aux dépenses des enfants-trouvés. (1820, 19 février.)

Circulaire du Conseiller d'Etat chargé de l'administration des hospices et des établissements de bienfaisance, aux préfets ; relative au service des enfants-trouvés. (1820, 23 juillet.

Loi de finance (extrait.) [Art. paragraphe 2, relatif à 17 centimes additionnels pour les dépenses départementales, dont six centimes et quart en faveur des enfants-trouvés et abandonnés. (1820, 23 juillet.)

Instruction générale du Ministre de l'Intérieur, comte Corbière, concernant l'administration et la comptabilité des... enfants-trouvés. (Extrait.) (1823, 8 février.)

Circulaire du Ministre de l'Intérieur aux préfets, relativement aux fonds communs de cotisations municipales et particulières. (1823, 4 juillet.)

Ordonnance concernant le recouvrement des amendes de police correctionnelle. [Art. 6, constatant qu'un tiers du produit de ces amendes sera applicable au service des enfants-trouvés et abandonnés.] (1823, 30 décembre.)

Instructions concernant l'administration et la comptabilité des hospices, des bureaux de bienfaisance et des enfants-trouvés. — *Paris*, Leblanc, 1823, in-f°. [Une deuxième édition a été publiée à Clermont-Ferrand, 1823, in-8°.] (1823.)

Décision du Ministre de l'Intérieur sur les comptes de tutelle des enfants-trouvés. (1824, 18 mai.)

Décision du Ministre des finances, relative au payement des mois de nourrice et pension des enfants-trouvés. (1824, 20 mai.

Considérations sur les enfants-trouvés, par Benoiston de Chateauneuf. — *Paris*. (1824.)

Mémoire sur les enfants-trouvés de la ville de Troyes, par Patrice Dubreuil. — *Paris*. (1824.)

Décision du Ministre des finances sur les droits d'enregistrement d'un legs en faveur d'un enfant-trouvé. (1825, 19 juin.)

Des colonies d'indigents et des moyens d'en établir sur les landes du département de la Gironde. — *Bordeaux*, in-8°. (1825.)

Essai historique et moral sur la pauvreté et les enfants-trouvés. En anglais. (1825.)

A Messieurs les membres de la Chambre des députés, signé : L. M. Perenon. — *Lyon*. Brunet, in-4°, pièce. [En faveur de l'hospice des orphelins de Lyon, dite des Catherines.] (1826, 10 janvier.)

Circulaire du Ministre de l'Intérieur aux préfets, relativement à l'apparition de colliers aux enfants-trouvés. (1826, 20 mai.)

Statistique du département des Bouches-du-Rhône, publiée en 1826, par M. de Villeneuve, préfet. [A la page 398 il est parlé des enfants exposés.] (1826.)

Circulaire du Ministre de l'Intérieur aux préfets, relativement au déplacement des enfants-trouvés. (1827, 21 juillet.)

Notice historique sur les deux hôpitaux et asile des aliénés de Rouen, avec quelques remarques sur les enfants-trouvés et abandonnés; par P. Théod. Legras... — *Rouen*, C. Bloquel, pièce in 8°. (1827.)

Invitation aux dames de Castres, pour l'établissement d'une salle d'Asile. Signé : Charles Dupin... — *Paris*, Fain, pièce in-16. (1828, 31 janvier.)

Circulaire du Ministre de l'Intérieur aux préfets, relativement à l'inspection des hospices et bureaux de bienfaisance et des enfants-trouvés. (1828, 20 juillet.)

Circulaire du Ministre de l'Intérieur aux préfets, contenant un complément d'instructions pour la comptabilité des hospices, établissements de bienfaisance et enfants-trouvés. (1828, 25 juillet.)

Observations sur le système des écoles d'Angleterre pour la première enfance, établies en France sous le nom de salle d'Asile, par Mme Millet. — *Paris*, H. Servier, pièce in-8°. (1828.)

Décision du Ministre de la justice sur l'état civil des enfants-trouvés ou exposés. (1829, 12 janvier.)

A M. Ambroise François Laennec..., signé : Bernard... — *Nantes*, Mangin, pièce in-4°. [Au sujet de la création à Nantes, d'un hôpital spécial pour les enfants malades.] (1829, 4 octobre.)

Compte-rendu de la situation des salles d'Asile au 15 février 1829. — *Paris*, imp. de Selligue, pièce in-8°. (1829.)

Essai sur l'histoire des enfants-trouvés, depuis les temps anciens jusqu'à nos jours, par de Gouroff. — *Paris*. (1829.)

Nouvelle maison centrale de nourrice, rue du Temple, 36. — *Paris*, imp. de Decourchant, 1829, in-8° de 4 pages. (1829.)

Circulaire du Ministre des finances concernant les opérations des receveurs des finances, pour le payement des mois de nourrice et pensions des enfants-trouvés. (1831, 8 juin.)

Mémoire sur les enfants-trouvés et abandonnés, en réponse à cette question : Le nombre des enfants-trouvés et abandonnés, qui va toujours croissant, est une des grandes plaies de notre état social, sous le double rapport de la morale et des dépenses publiques. Indiquer les moyens qui, d'accord avec l'équité et nos lois fondamentales peuvent contribuer à diminuer le nombre de ces enfants, utile surtout à leur avenir, qui offre, s'il est possible, quelque compensation à l'État. (Société des Sciences et des Arts du département de l'Ain), par P. Th. Legras. — *Rouen*, 1831, in-8°. (1831.)

Rapport sur les enfants-trouvés et abandonnés, par Lucas, de Rouen. (1831.)

Enfants-trouvés. Rapport fait à la Société royale d'émulation, Science et Arts de l'Ain..., au nom de la Commission chargée de l'examen des Mémoires envoyés au concours sur cette question : indiquer les causes de l'augmentation du nombre des enfants-trouvés, les moyens de le diminuer..., par M. A. Pommier La Combe. — *Bourg*, 1832, pièce in-8°. [Voyez le deuxième rapport à l'année 1834.] (1832, 23 mars.)

Décision du Ministre des finances qui exempte du timbre le certificat de vie des enfants-trouvés. (1832, 26 janvier.)

Instructions des Ministres du Commerce et des Travaux-Publics aux préfets, relativement à l'entretien des enfants devenus orphelins par suite du choléra. (1832, 4 août.)

Décision du Ministre des finances qui autorise à émarger sur des états nominatifs l'acquit des mois de nourrice des enfants-trouvés. (1832, 26 décembre.)

Des colonies de bienfaisance à établir en France, sur le modèle de celles de la Hollande et de la Belgique, par Eug. G. de

Mouglave, avec des notes de B. Appert. — *Paris*, in-8°. [Lettre à M. le Ministre du Commerce et des Travaux-Publics.] (1832.)

Ordonnance qui charge les percepteurs du payement des dépenses des enfants-trouvés. (1833, 28 juin.)

Circulaire du Ministre du Commerce et des Travaux-Publics aux préfets, relativement à l'exécution de l'ordonnance du 28 juin. [Concernant le paiement des nourrices des enfants-trouvés.] (1833, 10 août.)

Arrêté du Ministre du Commerce et des Travaux-Publics qui rétablit l'inspection permanente des établissements de bienfaisance et enfants-trouvés. (1833, 23 décembre.)

Instructions sur le service de santé des enfants-trouvés placés à la campagne. — *Paris*. (1833.)

Manuel des fondateurs et des directeurs des premières écoles de l'enfance connue sous le nom de salles d'Asile, par M. Cochin. — *Paris*, Hachette, in-8°. (1833.)

Projet de Société anonyme pour établir une colonie d'enfants-trouvés dans les landes de Bordeaux, avec plan, par Delamarre et Dumont. — *Bordeaux*. (1833.)

Rapport sur les enfants-trouvés, par Gérando. (1833.)

Circulaire du Ministre du Commerce et des Travaux-Publics aux préfets, portant que les quittances des sommes payées par les hospices, pour les mois de nourrice des enfants-trouvés, sont exemptés du timbre. (1834, 30 janvier.)

Circulaire du Ministre du Commerce et des Travaux-Publics aux préfets, relative au rétablissement d'une inspection permanente des hospices, des bureaux de bienfaisance et du service des enfants-trouvés et abandonnés. (1834, 15 mars.)

Lettres à ma femme sur les écoles de la première enfance, dites salles d'Asile, par Joseph Rey. — *Grenoble*. Prudhomme, 1835, in-8°. (1834, 15 août.)

Considération sur la réduction des tours dans le département de la Vienne, par Bourcaud. (1834.)

Deuxième rapport sur les enfants-trouvés, par Pommier de La Combe. — *Bourg* (1834.)

Des modifications à introduire dans la législation des enfants-trouvés en Belgique, par Ducpétiaux. — *Bruxelles.* (1834.)

Notice sur les salles d'Asile pour l'enfance, par M. Du Merson. Extrait de l'*Impartial.*) — *Paris*, de Lacombe, pièce in-8°. (1834.)

Circulaire du Ministre de l'Intérieur aux préfets, relativement au service des enfants-trouvés. (1835, 12 mai.)

Mémoire sur les enfants-trouvés, par le vicomte de Bondy, préfet de l'Yonne. — *Paris.* (1835.)

Circulaire du Ministre de l'Intérieur relative à l'envoi aux préfets du mémoire de M. de Bondy, préfet de l'Yonne, sur le service des enfants-trouvés (1835, 31 juillet.)

Circulaire du Ministre de l'Intérieur aux préfets, relativement à la marche à suivre pour faciliter la correspondance des receveurs généraux, en ce qui concerne le payement des mois de nourrice et de pension des enfants-trouvés, et le recouvrement des rentes et créances des hospices. (1836, 12 mai.)

Circulaire du Ministre de l'Intérieur aux préfets, relative à la comptabilité du service des enfants-trouvés. (1836, 16 décembre.)

Circulaire du Ministre de l'Intérieur relativement aux layettes et vêtures nécessaires au service des enfants-trouvés. (1836, 24 décembre.)

Discours prononcé dans l'église de Saint-Serge, à l'occasion des salles d'Asile d'Angers, par l'abbé Maupoint. — *Angers*, V. Parie, pièce in-8°. (1836.)

Des enfants-trouvés, des femmes publiques et des moyens à employer pour en diminuer le nombre, par Desloges. — *Paris*, Desloges, 1836, in-8° pièce. (1836.)

Enfants-trouvés. Discours de réception à l'Académie de Lyon, par M. Terme. — *Lyon*, imp. de L. Boitel, in-8° pièce. (1836.)

Mémoire sur les enfants-trouvés, par Legras. — *Paris.* (1836.)

Rapport sur les enfants-trouvés, par Lelong. — *Paris.* (1836.)

Recherches historiques, politiques et administratives sur les enfants-trouvés, par Carron du Willard. (1836.)

Dissertation dont l'existence des salles d'Asile éclairera toute l'importance..., par Salme. — *Paris,* Lagny frères, in-8° pièce. (1837, janvier.)

Rapport du Ministre de l'Intérieur au Roi, sur les hôpitaux, les hospices, les services de bienfaisance et les enfants-trouvés. (1837, 5 avril.)

Circulaire du Ministre des finances concernant le payement des mois de nourrice des enfants-trouvés des hospices de Paris. (1837, 12 mai.)

Loi sur l'administration municipale (extrait.) [Art. 30, n° 15, qui met au nombre des dépenses communales obligatoires, celle des enfants-trouvés et abandonnés.] (1836, 18 juillet.)

Circulaire du Ministre de l'Intérieur aux préfets, à l'effet de demander de faire délibérer les conseils généraux sur le service des aliénés et des enfants-trouvés. (1837, 4 août.)

Décision du Ministre de l'Intérieur. — Secours publics, orphelins, indigence-commune sans bureau de bienfaisance et sans ressources, assimilation aux enfants abandonnés. (1837, 24 novembre.)

Lettre du Ministre de l'Intérieur au préfet du Pas-de-Calais. Secours publics, hospices, enfants-trouvés, suppression d'un certain nombre de tours; dispositions à prendre par suite de cette mesure. (1837, 28 novembre.)

Lettre du Ministre de l'Intérieur au préfet de la Manche. Secours publics, hospices, enfants-trouvés, demande de les faire rentrer de nourrice pour les faire travailler dans l'hospice. Demande contraire à la législation. (1837, 29 novembre.)

Des enfants-trouvés. — *Auxerre,* in-8°. [Par Desmattes ou De Mattes.] (1837.

Des enfants-trouvés. — *Paris.* (1837.)

Essai sur la destination meilleure à donner aux enfants-trouvés. — *Paris*. (1837.)

Histoire statistique et morale des enfants-trouvés, suivie de cent tableaux, par I. F. Terme et J. B. Montfalcon. — *Paris*, J. B. Baillière, in-8°. [M. Paulin a publié en 1840 une édition sous le titre de : *Histoire des Enfants-Trouvés*...] (1837.)

Maison des orphelins de Mircourt. (Signé : A. G.) — *Mircourt*, 1837, in-8°. (1837.)

Ministère de l'Intérieur. Rapport au Roi sur les hôpitaux, les hospices et les services de bienfaisance. (Signé : Gasparain.) — *Paris*, imp. royale, 1837, in-4°, (1837.)

De la mortalité des enfants-trouvés, considérés sous ses rapports avec le mode d'allaitement, et sur l'accroissement de leur nombre en France, par Villermé. — *Paris*. (1837.)

Rapport fait à l'assemblée générale de l'Académie de Mâcon, sur la question des enfants-trouvés, par Lacretelle. — *Mâcon*. (1837.)

Recherches administratives, statistiques et morales sur les enfants naturels et les orphelins, en France et dans plusieurs autres pays de l'Europe, par l'abbé A. H. Gaillard. — *Paris*. (1837.)

Rapport à la Société de médecine de Lyon, sur l'ouvrage de MM. Terme et Montfalcon, intitulé *Histoire statistique et morale des Enfants-Trouvés*, lu dans la séance du 9 avril 1838, par M. Théodore Perrin... — *Paris*, Prochard et Comp., in-8° pièce. (1838, 9 avril.)

Etablissement d'une salle d'Asile dans la commune de Puteaux... — *Paris*, A. Gratiot, in-8° pièce. (1838, 24 avril.)

Essai sur les moyens d'améliorer le sort des enfants-trouvés, précédé d'un discours de M. Lamartine sur le même sujet, [et suivi de quelques réflexions morales, par Macquet, précédé d'un discours de M. de Lamartine sur le même sujet. — *Paris*, Ed. Legrand, 1838, in-12. (1838, 30 avril.)

Loi sur les attributions départementales. [Art. 12, § 11, concernant les dépenses des enfants-trouvés et abandonnés.... pour la part afférente au département.] (1838, 10 mai.)

Circulaire du Ministre de l'Intérieur aux préfets, à l'effet de leur demander des renseignements sur la tutelle des enfants-trouvés. (1838, 22 mai.)

Discours prononcé dans la discussion du budget de l'intérieur sur les enfants-trouvés, par Benjamin Delessert. [Séance du 30 mai 1838.] (1838.)

Discours prononcé dans la discussion du budget de l'intérieur au sujet des enfants-trouvés, par Dupin, député de la Nièvre. séance du 30 mai 1838.(1838.)

Circulaire du Ministre de l'Intérieur aux préfets, à l'effet de leur demander des renseignements sur les mesures exécutées pour le service des enfants-trouvés et abandonnés. (1838, 27 juillet.)

Nouvelles considérations sur les enfants-trouvés, par J.-F. Terme et J.-B. Montfalcon, suivies des rapports sur l'histoire des enfants-trouvés, faits à l'Académie des Sciences morales et politiques, par Benoiston de Chateauneuf, et à l'Académie française, par Villemain. — *Lyon*, imp. de J.-M. Bajat, août 1838, in-8°. (1838, 9 juin — 9 août.)

Arrêté du Ministre de l'intérieur qui réorganise l'inspection des services de bienfaisance, et qui en fait l'inspection générale des établissements de bienfaisance. (1838, 24 août.)

Extrait des délibérations du Conseil général du département de la Seine, du 25 octobre 1838, concernant les mesures adoptées par le Conseil général des hospices pour diminuer le nombre des abandons des enfants à l'hospice de Paris. (1838.)

Le déplacement ou l'échange des enfants-trouvés, et la suppression des tours d'arrondissements, par J.-Ch. Herpin, de Metz. — *Chateauroux*. (1838.)

Discours sur les enfants-trouvés, par Lamartine. — *Paris*. (1838.)

Des enfants-trouvés et du danger de la suppression des tours dans la ville de Paris, par Alexis Hamel. — *Paris*, in-8° pièce. (1838.)

Examen de la législation sur les enfants-trouvés. — *Paris*. (1838.)

Histoire statistique et morale des enfants-trouvés, par Terme et Montfalcon. — *Lyon*. (1838.)

Des hospices d'enfants-trouvés en Europe, et principalement en France, depuis leur origine jusqu'à nos jours, par Bernard-Benoît Remacle. — *Paris*, Treuttel et Wurtz, in-8°. (1838.)

Mémoire sur les enfants-trouvés et les mesures administratives qui leur ont été appliquées dans le département du Gers, par R. Vignes... — *Auch*, imp. de J.-A. Portes, in-8°. (1838.)

Rapport à M. le Ministre de l'Intérieur et au Conseil général des hospices, relatif au service des enfants-trouvés dans le département de la Seine, suivis de documents officiels, par Valdruche, administrateur des hospices. — *Paris*, imp. Dupont, 1838, in-8°.(1838.)

De la suppression des tours établis dans les chef-lieux d'arrondissement, par G. Symphor-Vaudoré. — *Caen*, imp. de A. Hardel, pièce in-8°. (1838.)

Exhortation en faveur des salles d'Asile, prononcée dans l'église Sainte-Catherine, à Lille. — *Lille*, L. Lefort, in-8°. (1839, 20 février.)

Circulaire du Ministre de l'Intérieur aux préfets, relativement à la création des inspecteurs départementaux des établissements de bienfaisance. (1839, 12 mars.)

Ordonnance qui fixe les traitements des receveurs des établissements de bienfaisance. (1839, 17 avril.)

Circulaire du Ministre de l'Intérieur aux préfets, relativement à l'exécution de l'ordonnance du 17 avril, concernant les remises des receveurs des hospices. (1839, 22 avril.)

Ordonnance qui apporte des modifications à l'ordonnance du 17 avril précédent. [Relativement à une erreur qui s'est glissée dans les calculs qui ont servi de base à la fixation du tarif contenu dans l'ordonnance du 17 avril.] (1839, 23 mai.)

Contre-enquête sur les enfants-trouvés, et rapports des commissions administratives des hospices de France aux questions posées par M. de Lamartine. — *Paris*, in-4°. (1839, mai.)

Circulaire du Ministre de l'Intérieur aux préfets, concernant l'exécution des ordonnances royales des 17 avril et 23 mai 1839, relatives aux remises des receveurs des hospices. (1839, 1er juin.)

Arrêté du Ministre de l'Intérieur qui règle les attributions et les devoirs des inspecteurs généraux des établissements de bienfaisance et enfants-trouvés. (1839, 14 juin.)

Circulaire du Ministre de l'Intérieur aux préfets, relativement au concours des communes, à la dépense des enfants-trouvés ainsi qu'à la formation et à l'envoi des états de prévisions. (1839, 21 août.)

Observations concernant le rappel des enfants dans l'intérieur de l'hospice, présentées par les sœurs du Saint-Esprit à la commission administrative, à l'effet d'être mises sous les yeux du Conseil général, si elle trouve convenable. Signé : les religieuses du Saint-Esprit de Poligny, sœur Victoire de Saint-Joseph, supérieure, etc.,. — *Lons-le-Saulnier*, imp. de Courbet (s. d.), in-4° pièce. (1839. 24 août.)

Considérations sur les salles d'Asile, par M. Edom... — *Le Mans*, Ch. Richelet, 1840, pièce in-8°. (1839, septembre.)

Considérations sur la suppression des tours d'enfants-trouvés, par M. Alcide Perret. — *Ambert*, Grangier, pièce in-8°. (1839.)

Contre-enquête sur les enfants-trouvés. (1839.)

Discours prononcé dans la discussion élevée au sujet des enfants-trouvés en réponse à M. de Lamartine, par Dupin, député de la Nièvre. [Séance du 15 juillet.] (1839.)

Enfants-trouvés, article du Dictionnaire de la lecture et de la conversation. par Teyssèdre. — *Paris*. (1839.)

Observations sur les enfants-trouvés ; suite d'articles extraits du journal des *Débats*, des 23, 26, 29, 30 octobre et 19 novembre 1839. (1839.)

Observations sur les mesures adoptées dans les départements à l'égard des enfants-trouvés, par Legral. — *Paris*. (1839.

Rapport sur les enfants-trouvés, par Smith. — *Paris*. (1839)

Circulaire du Ministre de l'Intérieur aux préfets, relativement à l'adoption d'un modèle de réglement pour le service intérieur des hospices, hôpitaux et enfants-trouvés. (1840, 31 janvier.)

Discours pour l'inauguration des salles d'Asile, prononcé à la cathédrale de Clermont, par M. Bergier... — *Clermont*, Thibauld-Laudriet et Ce, pièce in-16. (1840, 6 février.)

Exhortation en faveur des salles d'Asile, prononcée dans l'église de la Madeleine, à Lille. — *Lille*. L. Lefort, pièce in-8°. (1840, 18 mars.)

Instruction générale du Ministre des Finances, sur la comptabilité publique..., dépenses des enfants-trouvés. (1840, 17 juin.)

Circulaire du Ministre de l'Intérieur aux préfets, relativement au concours des communes à la dépense des enfants-trouvés. (1840, 3 août.)

Instructions sur la formation du budget des dépenses et des recettes départementales ordinaires facultatives, extraordinaires et spéciales pour 1841..., enfants-trouvés ou abandonnés. (1840, 3 août.)

Demande de faire délibérer les Conseils généraux sur diverses questions relatives au paupérisme et à la charité légale..., enfants-trouvés et abandonnés. (1840, 6 août.)

Réclamations de la commission administrative des hospices de Chartres, en faveur des enfants-trouvés et abandonnés. — *Chartres* (s. d.), in-fol. pièce. (1840, 10 août.)

Réglement pour servir à l'exécution, en ce qui concerne le Ministre de l'Intérieur, de l'ordonnance royale du 31 mai 1838. (1840, 30 novembre.)

Analyse raisonnée des ouvrages de MM. l'abbé Gaillard, Terme et Montfalcon, Remacle et Gérando, sur la question des enfants-trouvés, par Henri Derbigny. — *Bordeaux*, in-8°. (1840)

Considérations sur la suppression des tours d'enfants-trouvés, par Perrot. — *Paris*. (1840.)

Considérations sur la question des enfants-trouvés, lues au Conseil général du département de la Seine-Inférieure, dans la session de 1839, avec quelques additions, par J. Fauquet. — *Rouen*, imp. de Lefèvre, pièce in 8°. (1840.)

Instruction et réglement pour les salles d'Asile de la ville de Nancy. — *Nancy*, A. Paullet, pièce in-8°. (1840.)

Livret des salles d'Asile, contenant l'ordonnance royale du 22 décembre 1837..., 2e édition. — *Paris*, L. Hachette, pièce (1) in-8°. (1840.)

Mesures relatives à la réformation des adolescences vicieuses, parmi les enfants-trouvés, abandonnés et orphelins, par Gérando. — *Paris*. (1840.)

Observations au Conseil général de la Charente, sur le service des enfants-trouvés, par Bonnireau-Gomon. — *Angoulême*, imp. de J. Sauquet (s. d.), pièce in-8°. (1840.)

Recherches sur les enfants-trouvés et les enfants illégitimes en Russie, dans le reste de l'Europe, en Asie et en Amérique, précédés d'un essai sur l'histoire des enfants-trouvés depuis les temps les plus anciens jusqu'à nos jours, par de Gouroff. — *Paris*. (1840.)

Le tour des enfants-trouvés, par Nicolas. — *Paris*. (1840.)

Circulaire du Ministre de l'Intérieur aux préfets, à l'effet de leur demander l'état définitif des avances faites par les départements pour le compte les uns des autres, pendant l'année 1840. — ... Enfants de détenus restés sans moyens d'existence. (1841, 25 janvier.)

---

(1) Nous avons désigné sous le nom de *pièce* chaque opuscule ayant moins de cent pages.

Extrait du réglement de la maison des orphelins de Nancy, délibéré par la commission administrative le 25 février 1841 et approuvé par M. le Préfet de la Meurthe, le 8 avril suivant. — *Nancy*, Raybois et Cᵉ, 1841, in-4° pièce. (1841, 25 février.)

Circulaire du Ministre de l'Intérieur aux préfets, relativement à l'exemption de timbre des certificats à produire par les nourrices des enfants-trouvés. (1841, 12 mars.)

Maison des orphelines de Nancy. Réglement pour l'administration, la comptabilité et le service intérieur de la maison... — *Nancy* (s. d.), in-4° pièce. (1841, 25 février — 8 avril.)

Circulaire du Ministre de l'Intérieur aux préfets, à l'effet de leur demander des renseignements sur le service des enfants-trouvés, sur les hospices dépositaires et sur le tarif des prix des mois de nourrice. (1841, 10 juillet.)

Circulaire du Ministre de l'Intérieur aux préfets, relativement à la dépense du service des enfants-trouvés et abandonnés, au concours des communes, au dégrèvement, à la révision générale des tarifs des mois de nourrice et de pension, aux indemnités et aux layettes et vêtures. (1841, 13 août.)

Circulaire du Ministre de l'Intérieur aux préfets, relativement à la déclaration de naissance des enfants qui naissent dans les hospices. (1841, 8 novembre.)

Éducation et moralisation des enfants-trouvés (par M. Louvancour). — *Chartres*, imp. de Garnier, pièce gr. in-8°. (1841.)

Enfants-trouvés et abandonnés. — *Caen*, imp. de A. Le Roy (s. d.), in-8°. [Par M. Marchand..., extrait de l'annuaire de l'association normande pour 1841.] (1841.)

Notice sur la direction de nourrices, adressée au Conseil général des hospices civils de Paris. (Signé : L. Fauleon.) — *Paris*, imp. de Le Pelletier-Bouvret, in-4° pièce. (1841.

Circulaire du Ministre de l'Intérieur aux préfets, relativement à la substitution comme marques distinctives de boucles d'oreilles ou colliers. (1842, 12 janvier.)

Décision du Ministre de l'Intérieur qui autorise le payement des remises des receveurs des hospices, pour les dépenses des mois de nourrice et pension des enfants-trouvés, sur les fonds départementaux. (1842, 15 juillet.)

Avis au Conseil d'Etat, qui assimile les orphelins pauvres aux enfants-trouvés. (1842, 20 juillet.)

Circulaire du Ministre de l'Intérieur relative à la correspondance en franchise des receveurs des établissements de bienfaisance. (1842, 8 octobre.)

De la condition sociale des femmes, du taux de leurs salaires et de la recherche de la paternité à l'occasion des enfants-trouvés..., et lettres diverses, par P. M. Rozier..., deuxième édition, imp. J. Juteau, in-8°. (1842.)

Education et moralisation des enfants-trouvés, par Louvancour. — *Paris*. (1842.) [2e édition.]

Mémoire au Conseil général d'Eure-et-Loire sur les enfants-trouvés, par Benoist. — *Chartres*. (1842.)

Mémoire sur les enfants trouvés, par Doublet de Boisthibault. — *Chartres*. (1842.)

Rapport statistique sur les aliénés et les enfants-trouvés de l'hospice général de Tours, adressé à la commission administrative, par le directeur L. J. Charcellay. — *Tours*, Mame, in-4°. (1842.)

Décision du Ministre de l'Intérieur au sujet d'enfants-trouvés âgés de plus de douze ans, provenant d'anciens hospices dépositaires supprimés. (1843, 18 janvier.)

Circulaire du Ministre de l'Intérieur aux préfets, relative à l'envoi de modèles de boucles d'oreilles destinées à constater l'identité des enfants-trouvés et abandonnés. (1843, 12 mars.)

Décision du Ministre de l'Instruction publique pour l'admission gratuite des enfants-trouvés dans les écoles communales. (1843, 17 mars.)

Exécution des ordonnances royales des 17 avril et 23 mai

1839... Dépenses des mois de nourrice et pension des enfants-trouvés. (1843, 20 avril.)

Ordonnance du Roi qui fixe la clôture de l'exercice au 31 mai de la deuxième année, pour la liquidation et l'ordonnancement des dépenses départementales, et au 30 juin pour les payements. (1843, 4 juin.)

Assimilation des orphelins pauvres aux enfants-trouvés et abandonnés. (1843, 12 juillet.)

Circulaire du Ministre de l'Intérieur aux préfets, relativement à la composition des layettes et vêtures à fournir par les hospices et aux indemnités aux nourrices, en exécution de l'arrêté du 30 ventôse, an V. (1843, 21 juillet.)

Circulaire du Ministre de l'Intérieur aux préfets, relative à la formation des budgets départementaux de l'exercice 1844... Enfants-trouvés et abandonnés... (1843, 5 août.)

Exhortation en faveur des salles d'Asile pour l'enfance..., par M. Héroguer...— *Lille*, L. Lefort, 1844, in-8° pièce. (1843. 26 décembre.)

Rapport statistique sur les aliénés et les enfants-trouvés de Tours, par Charcellay. — *Tours*. (1843.) (2e édition.)

Décision du Ministre de l'Intérieur aux préfets, qui déclare obligatoire l'admission dans les hospices et hôpitaux des indigents atteints de maladies psoriques et des femmes enceintes. (1844. 31 janvier.)

Circulaire du Ministre de l'Intérieur aux préfets, concernant la vente et la suppression des papiers inutiles des préfectures..., Certificats de vie, de vaccine et états de dépense des enfants-trouvés et abandonnés. (1844, 24 juin.)

Circulaire du Ministre de l'Intérieur qui prescrit aux préfets de consulter les Conseils généraux sur le concours de tous les hospices de chaque département aux dépenses intérieures du service des enfants-trouvés. (1844, 3 août.)

Décision du Ministre des Finances, relativement au timbre

des quittances données par les sages-femmes p... accouchement de femmes indigentes. (1844, 1er octobre.)

Circulaire du Ministre de l'Intérieur aux préfets, relativemen aux budgets départementaux de l'exercice 1845... Enfants-trouvés, abandonnés et orphelins pauvres. (1844, 6 décembre.)

A MM les membres du Conseil général. Les indigents des campagnes, les enfants-trouvés. (Signé : B. Lavergne, doct. à Montredon.) — *Castres*, imp. de L. Vidal, in-8° pièce. (1844.)

A nos souscripteurs. Notice sur la maison de Nazareth dite des Orphelins, à Mesnières-en-Bray près Neufchatel (Seine-Inférieure.) — *Rouen*, Brière, in-8° pièce. (1844.)

Réflexions sur les enfants-trouvés, par Victor Paul, inspecteur du service des enfants-trouvés... du département de Vaucluse. — *Avignon*, imp. de Bonnot fils, in-8° pièce. (1844.)

Maison centrale de nourrices, fondée par des médecins. Administration, 36, rue du Temple. — *Paris*, imp. de Pollet et Ce, 1844, in-8° pièce. [Réimprimé en 1850.] (1844.)

Association pour la création et l'entretien des crèches du 10e arrondissement, statuts de l'association. (Signé : Thierriet, etc...) — *Paris*, imp. E. Duverger, in-4° pièce. (1845, 2 juillet.)

Procès-verbal de bénédiction et d'installation des deux premières crèches du 10e arrondissement municipal de Paris. — *Paris*, imp. d'E. Duverger (s. d.), in-4° pièce. (1845, 16 juillet.)

Administration générale de l'assistance publique à Paris. Dispositions relatives à l'admission des femmes enceintes dans les hôpitaux, et à la réception des enfants à l'hospice des Enfants-Trouvés et Orphelins du département de la Seine. — *Paris*, Dupont, 1852, in-8° pièce. (1845, 6 août.)

A Monsieur, membre du Conseil général du Finistère. — *Brest*, imp. de Ch. Le Blois, 1845, in-4° pièce. [Projet de colonie agricole pour les enfants-trouvés.] (1845, août.)

Circulaire du Ministre de l'Intérieur aux préfets, leur demandant de lui envoyer chaque année les rapports des inspecteurs départementaux du service des enfants-trouvés. (1845, 12 septembre.)

De l'influence de la suppression des tours dans les hospices d'enfants-trouvés sur le nombre des infanticides, par M. J.-J. Rapet. — *Paris*, 1845, in-8° de 24 pages. [Ce mémoire a été lu à l'Académie des Sciences morales et politiques... Extrait du *Journal des Economistes*, n° 49, déc. 1845.] (1845, 11 octobre.)

Lettres champoises, par Hippolyte Tampucci, première lettre. — Les crèches (26 octobre 1845.) — *Sainte-Menehould*, Poignée-Darnauld, in-8° pièce. (1845, 26 octobre.)

Académie d'Arras.... discours sur cette question : Quelle sont les institutions de bienfaisance les plus favorables pour recueillir et élever les enfants-trouvés, et quelles améliorations devraient subir à cet égard la législation de 1791 et les lois qui l'ont suivie? par L.-A. Labourt. Ouvrage couronné. — *Arras*, in-8°. [Même ouvrage que : *Recherches historiques sur les enfants-trouvés*..., publié la même année à Paris, chez Dumoulin.] (1845.)

Des crèches, par J.-B.-F. Marbeau... — *Paris*, comptoir des imprimeurs unis, in-18. [Une deuxième édition a paru dans la même année; elle porte en plus... *Ou moyen de diminuer la misère en augmentant la population*.] (1845.)

Fondation d'une salle d'Asile pour la ville d'Agen. — *Agen*, Quillet, in-8 pièce. (1845.)

Notice historique sur l'hospice de la Maternité de Montpellier, et nouveaux documents pour servir de complément à son histoire, par A.-L.-H. Saisset, professeur titulaire de la Maternité. — *Montpellier*, imp. de Boehm, in-8°. (1845.)

Parti à prendre sur la question des enfants-trouvés, par T. Cazel, préfet du département des Hautes-Alpes. — *Paris*, in-8°. (1845.)

Rapport concernant les enfanticides et les morts-nés dans leur relation avec la question des enfants-trouvés, par Remâcle. — *Paris*. (1845.)

Rapport sur le service des enfants-trouvés de la Gironde par de Lamothe. — *Bordeaux*. (1845.)

Recherches historiques sur les enfants-trouvés... [Voyez ci-dessus : *Académie d'Arras...*] (1845.)

Du sort des enfants-trouvés en France, par Ad. de Watteville. — *Paris*. (1845.)

Exhortation en faveur des crèches du 10e arrondissement de Paris, prononcée en l'église Saint-Thomas-d'Aquin, le..., par M. Le Courtier... — *Paris*, A. Vaton, in-12 pièce. [La couverture imprimée porte : *Un franc. Au profit des crèches du 10e arrondissement...*] (1846, 1er avril.)

Assemblée générale de l'établissement d'Orphelins à Orléans. — *Orléans*, Pagnerre, in-8° pièce. [Six rapports.] (1846, 24-27 septembre.)

Comptes-rendus pour les années 1844, 1845, 1846, des salles d'Asile de Mulhouse. — *Mulhouse*, imp. de P. Baret, in-8° pièce. (1846, 23 décembre.)

Les asiles agricoles de Suisse comme moyen d'éducation pour les enfants-trouvés, par Bissler. — *Mulhouse*. (1846.)

Bureau de nourrices, tenu par M. Moreau, rue Saint-Lazare, n° 140... — (S. l., 1846), in-16 pièce. (1846.)

Crèche Saint-Pierre-de-Chaillot. Rapport sur les soins maternels, fait au nom de mesdames les directrices et inspectrices, par Mme la trésorière... — Paris, comptoir des imprimeurs unis, 1846, in-18 pièce. (1846.)

Des enfants-trouvés. (Articles publiés par la *Gazette de Lyon*. (1846.)

De l'institution des crèches (signé : H.) — *Paris*, imp. de Mme de Lacombe, in-8° pièce. (1846.)

Œuvre des crèches du 1er arrondissement. Rapport sur la comptabilité de chacune des crèches et sur la comptabilité générale de l'année, avec tableaux, par M. Framboisier et M. Reymond. — *Paris*, imp. de Guiraudet et Jouaust, in-8° pièce. (1846.)

Rapports sur les soins maternels, fait au nom de Mesdames les directrices et inspectrices des crèches du 1er arrondissement. — *Paris*, comptoir des imp. unis, etc., in-18. (1846.)

Réflexions contre la fondation des crèches, par Jean-Charles. — *Paris*, l'Auteur, in-8° pièce. (1846.)

Du sort des enfants-trouvés et de la colonie agricole du Mesnil-Saint-Firmin..., par le baron Ad. de Watteville. — *Paris*, P. Dupont, in-8° pièce. (1846.)

Considérations sur l'établissement des crèches dans la ville de Lyon, par le docteur F. Barrier. — *Lyon*, 1847, in-24 pièce. (1847, 1er février.)

La Commission administrative des hospices de Bordeaux à MM. les membres de la Chambre des Pairs et de la Chambre des Députés. Signé : L.-M. Dulfour, Dubergier... — *Bordeaux*, in-4°. [Sollicitant diverses réformes relatives aux enfants-trouvés.] (1847, 27 avril.)

Installation du Conseil d'administration de la crèche de Corbeil et statuts organiques de l'établissement. Séance du... — *Paris*, imp. de Pollet et Ce, in-4° pièce. (1847, 29 avril.)

Circulaire du Ministre de l'Intérieur aux préfets, relative à l'extension de la franchise attribuée à la correspondance des préfets avec les inspecteurs départementaux des établissements de bienfaisance. (1847, 5 mai.)

Circulaire du Ministre de l'Intérieur aux préfets, à l'effet de leur demander une statistique des aliénés, enfants-trouvés, aveugles, sourds-muets et mendiants. (1847, 20 juin.)

A MM. les membres des Conseils généraux de département. (Signé : une inspectrice de salle d'Asile.) — *Paris*, imp. de Jules Juteau et Ce, in-4° pièce. [En faveur des salles d'Asile.] (1847, août.)

Circulaire du Ministre de l'Intérieur aux préfets, relativement à la suppression des envois périodiques relatifs aux prévisions et aux comptes de dépenses des enfants-trouvés et de celui des aliénés (1847, 15 septembre.)

Arrêté instituant une commission pour examiner les questions relatives à l'entretien des enfants-trouvés et qui en nomme les membres. (1847, 10 novembre.)

Circulaire du Ministre de l'Intérieur : Tours-secours aux filles mères et aux mères légitimes, dépenses, tutelle, inspection des enfants-trouvés et colonies agricoles. (1847, 10 novembre.)

Question des enfants-trouvés. *Paris*, imp. de Lange-Lévy, in-8° pièce. [Rapport fait au Conseil général de la Seine, par M. Victor Considérant, sur un établissement rural de 400 enfants-trouvés. Extrait de la *Démocratie Pacifique*... 21 nov. 1847.] (1847, 21 novembre.)

Crèches de Strasbourg. Compte-rendu à MM. les souscripteurs par le comite fondateur de l'établissement. — *Strasbourg*. imp. G. Silbermann, 1848, in-8° de 16 pages. (1847, 20 décembre.)

Inauguration de la nouvelle crèche Saint-Merry, rue du Puits, 1, près celle des Blancs-Manteaux. — *Paris*, Comon, 1848, in-8° pièce. (1847, 28 décembre.)

Avis des Conseils généraux sur la fermeture des tours et sur le déplacement des enfants-trouvés. — *Paris*. (1847.)

Crèches du huitième arrondissement. — *Paris*. imp J. Juteau, in-8° pièce. [Demande de secours.] (1847.)

Des crèches et de l'allaitement maternel, lettres au docteur Barrier, par le docteur F. Imbert. — *Paris* et *Lyon*, in-18 pièce. (1847.)

Deuxième rapport sur les enfants-trouvés de la Gironde pour 1847, par de Lamothe. (1847.)

Discours d'inauguration d'une crèche..., par L. Gandreau. — *Paris* (s. d.), in-8°. [Contenu dans les *Mélanges*, du même auteur.] (1847.)

Etudes sur les enfants-trouvés, par de Curzon. — *Poitiers*. (1847.)

Extrait du « Bulletin des crèches. » Rapport sur les crèches du huitième arrondissement, par M. Arthur Baligot de Beyne. — *Paris*, imp. Guiraudet et Jouaust, in-8° pièce. (1847.)

Lettre sur les crèches, par Louis Dufau. — *Bordeaux*, 1847, in-8°. (1847.)

Notice historique sur les enfants-trouvés, extraite des ouvrages de MM. de Gouroff, Benoiston de Chateauneuf, etc., etc. — *Reims*, imp. de Assy et C°, 1847, in-8° (1847.)

Œuvre des crèches. (Signé : l'abbé Cattet, curé de Saint-Paul. — *La Guillotière*, imp. de J.-M. Bajat, in-8° pièce. [Prospectus.] (1847.)

Œuvre des crèches du douzième arrondissement. Réglement particulier adopté pour la crèche Sainte-Geneviève. — *Paris*, imp. de A. Siron et Desquers. in-8° pièce. (1847.)

De l'organisation du service extérieur des enfants-trouvés et des agents qui concourent à ce service. — *Paris*, Guillaumin, in-8° pièce. (1847.)

De l'organisation du service extérieur des enfants-trouvés, par de Lamothe. — *Bordeaux*. (1847.)

Rapport annuel sur l'institut de charité pour les orphelins protestants et pour les enfants du même culte qui se trouvent dans des cas malheureux. Etabli et administré par le Consistoire de Castres — *Albi*, M. Papailhau, in-8°. [Premier à sixième anniversaire.] (1841-1847.)

Rapport sur le service des enfants-trouvés d'Ile-et-Villaine, par le docteur Tual. — *Rennes*. (1847.)

Rapport sur les colonies agricoles de Gradignan, de Saint-Antoine, du Mesnil-Saint-Firmin, de la Vallade, de Montmorillon, de Montbellat, de Poussery, etc. (1846 et 1847.)

Crèches de la ville de Metz. Réglements. Extrait du procès-verbal de la première séance, le... — *Metz*, imp. S. Lamort (s. d.), in-8°. pièce (1848, 6 janvier.)

Question des enfants-trouvés, par M. H. Bourdon, juge à

Lille. — *Batignolles*, imp. de Hennuyer, in-8° pièce. [Extrait de la *Revue de Législation*, mars 1848.] (1848, mars.)

République française, liberté, égalité, fraternité. Crèche du dixième arrondissement de Paris. — *Paris*, imp. d'E. Duverger, in-fol. *plano*. (1848, 14 septembre.)

Constitution de la république française (extrait.) [Art. 13, concernant l'assistance à donner aux enfants abandonnés...] (1848, 4 novembre.)

Circulaire du Ministre de l'Intérieur aux préfets, relativement au service des enfants-trouvés. (1848, 8 novembre.)

Arrêté de M. le Président du Conseil des Ministres, chargé du pouvoir exécutif, relativement à l'inspection des services administratif qui dépendent du Ministère de l'Intérieur..., Enfants-trouvés. (1848, 25 novembre.)

Asile rural d'enfants-trouvés. Crèche, salle d'Asile, école primaire, école professionnelle, ferme modèle, association libre des élèves à leur majorité; projet, par Auguste Savardan. — *Paris*, in-12. (1848.)

Essai sur l'inspection générale des salles d'Asile, par Mme Chevreau-Lemercier, déléguée générale pour l'inspection des salles d'Asile du royaume. — *Paris*, L. Hachette, in-18. (1848.)

Guide des salles d'Asile... Avec plusieurs plans de salles d'Asile, par C. Jubé de La Perrelle. — *Paris*, L. Hachette, in-8°. (1848.)

Rapport de la commission administrative de Rouen. (1848.)

Loi sur l'organisation de l'assistance publique à Paris. [Art. 1er, n° 3, où il est dit que la tutelle des enfants-trouvés, abandonnés et orphelins..., est exercée par le directeur général de l'assistance publique.] (1849, 10 janvier.)

Rapport général sur la crèche, l'asile et l'ouvroir de la Madeleine, depuis leur fondation, par une des dames de l'œuvre. — *Paris*, imp. Giraudet et Jouaust, in-8° pièce. (1849, 10 juin.)

Arrêté du Ministre de l'Intérieur instituant la commission des enfants-trouvés. (1849, 22 août.)

Circulaire du Ministre de l'Intérieur aux préfets, à l'effet de leur demander des renseignements sur les hospices dépositaires actuels. (1849, 28 septembre.)

Inauguration du nouveau local de la crèche Notre-Dame-de-Lorette, rue Fontaine-Saint-Georges, 28, — *Paris*, imp. de Guiraudet et Jouaust, in-8°. (1849, 18 décembre.)

Crèche de Lisieux. Réglement. — *Lisieux*, imp. Pigeon, in-8° pièce. (1849, 26 décembre.)

Loi relative à un appel de 80,000 hommes sur la classe de 1849. [Art. 1er, n° 4, constatant qu'à partir de la promulgation de la présente loi, les jeunes gens, enfants-trouvés ou autres, placés sous la tutelle des commissions administratives des hospices, seront inscrits sur les tableaux de recensement de la commune où ils résident au moment de leur inscription. Il est dérogé, en ce point, à l'article 6 de la loi du 21 mars 1832.] (1849, 30 décembre.)

Association nationale agricole en faveur des enfants-trouvés (signe : D. Raymond.) — *Paris*, imp. Bonaventure et Ducessois, in-4° pièce. (1849.)

Défenses des enfants-trouvés et de leur asile rural. Observations soumises à MM. les Membres de la commission départementale de la Seine, par Auguste Savardan. — *Paris*, in-18 pièce. (1849.)

Deuxième rapport sur le service des enfants-trouvés d'Ile-et-Villaine, par le docteur Tual. (1849.)

Le nouveau-né de Paris, par l'abbé Dubeau. — *Paris*, in-8°. (1849.)

Rapport général présenté par M. Thiers à l'Assemblée législative au nom de la commission de l'assistance et de la prévoyance publiques. Extrait, concernant 1° l'enfance et l'adolescence, l'éducation des enfants pauvres, les secours à leur donner.] (1850, 26 janvier.)

Note sur les salles d'Asile, adressée à MM. les membres de l'Assemblée législative. — *Paris*, Goyot et Scribe, in-8° pièce. (1850, février.)

Quelques observations sur les enfants-trouvés, présentées à l'Académie de Bordeaux, en déposant sur son bureau le rapport de M. Watteville au Ministre de l'Intérieur, sur la situation administrative, morale et financière du service des enfants-trouvés et abandonnés en France, suivies de huit tableaux statistiques résumant la situation du service des enfants-trouvés au département de la Gironde, par L. Lamothe. — *Paris*, Guillaumin, in-8° pièce. (1850, mai.)

Rapport adressé à M. le Préfet par l'inspecteur du service des enfants-trouvés du département de la Marne. (Signé : le docteur Mohen.)—*Chalons*, Boniez-Lambert, in-8° pièce. (1850, 14 août.)

De l'établissement des crèches dans le département de la Dordogne. Observations présentées au Conseil général dans sa session de..., par M. Jules Roux. — *Périgueux*, imp. Dupont, in-8° pièce. (1850, 20 août.)

Inauguration de la crèche de Montreuil, à Versailles, n°30, rue du Grand-Montreuil, le lundi... Compte-rendu, extrait du l'*Union de Seine et-Oise*, par M. Montalant-Bougleux. — *Versailles*, in-18 piece. (1850, 21 octobre.)

Extrait du journal de Versailles, numéro du 27 octobre. Séance publique d'installation de la crèche de Montreuil. (Signé : Battaille.) *Versailles*, imp. Klefer (s. d.), in-8° pièce. (1850, 23 octobre.)

Compte-rendu des opérations de la crèche de Castres, du... (Signé : le vice-président du Comité, L. Alby...) — *Castres*, imp. de Cantié et Rey, 1851, in-4° pièce. (1850, 1er juillet — 31 décembre.)

Administration des crèches du huitième arrondissement. Crèches Saint-Antoine, Saint-Ambroise. Exercice. — *Paris*, imp. de J. Juteau, in-8°. [Années 1847, 1848-1849-1850.] (1847, 1850.)

---

(1) La date se trouvant à la fin de chaque article, nous avons cru devoir la supprimer dans le corps des titres pour éviter les répétitions.

Des Colonies agricoles établies en France en faveur des jeunes détenus, enfants-trouvés, pauvres, orphelins et abandonnés, par MM. Jules de Lamarque et G. Dugat. — *Paris*, in-8°. [Extrait des annales de la charité.] (1850.)

Considérations sur les crèches et un mot sur les enfants naturels, par B. Morchoine. — *Saint-Germain-en-Laye*, Mme Fleury-Petitjean, in-8° pièce. [Il y a eu deux éditions dans la même année.] (1850.)

Crèche de Saint-Germain-en-Laye. Statuts, réglement général, instructions et modèles. — *Saint-Germain-en-Laye*, imp. de Beau, in-8° pièce. (1850.)

Les crèches de Paris. Réfutation du rapport de la commission de l'assistance publique de Paris, par J.-A. d'Escodeca de Boisse, membre du Conseil d'administration de la Société des crèches. — *Paris*, bureau du bulletin des crèches, in-8° pièce. (1850.) [Réfutation du doct. Ségalas, voy. ci-après année 1853.]

Crèches du département de la Seine. (Année...) Tableaux statistiques. — *Paris*, imp. Guiraudet et Jouaust, 1851, in-8° pièce. (1850.)

Des enfants-trouvés et des orphelins pauvres comme moyen de colonisation de l'Algérie, par M. Edouard de Tocqueville, — *Paris*, Amyot, in-8° pièce. (1850.)

Ministère de l'Intérieur. Travaux de la commission des enfants-trouvés, instituée le 22 août 1849 par arrêté du Ministre de l'Intérieur. — *Paris*, imp. nationale, 1850, 2 vol. in-4°. (1850.)

Note sur l'établissement d'une crèche dans la paroisse Saint-Louis, à Versailles. — *Paris*, imp. de Guiraudet et Jouaust, in-8° pièce. (1850.)

... Parti à prendre sur la question des enfants-trouvés. (Signé : docteur Brun-Sechaud.) — *Limoges*, imp. Ardellier fils, in-8° pièce. [lettre VII. (1850.)

Projet pour la distribution des secours à domicile et l'organisation de l'assistance publique, avec un appendice sur les enfants-trouvés..., par L. Lamothe. — *Bordeaux*, H. Faye, in-8° de 63 pages. (1850.)

Rapport sur les crèches Saint-Louis-d'Antin. — *Paris*, imp. de Guiraudet et Jouaust, in-8°. — 4e année, 1848. Par Mme la trésorière-directrice (Mme Capelle.) — 6e année, 1850. Par Mme Capelle, trésorière-directrice. (1850.) [Pour la suite, voyez les années 1851 et 1854.]

Réglement du comité de la crèche Saint-Michel. — (S. l.), imp. de J.-M. de Moulins, in-32 pièce. (1850.)

Extrait de l'Union médicale, 21 janvier 1851. La vérité sur les crèches, par le docteur Reis. — *Paris*, imp. L. Malteste et Comp, in-8e pièce. (1851, 21 janvier.)

Discours en faveur des salles d'Asile, prononcé dans l'église de la Madeleine. — *Lille*, L. Lefort, in-8° pièce. (1851, 16 février.)

Lettre à M. Neveux, préfet de la Gironde, sur le service et l'enseignement de l'hospice de la Maternité de Bordeaux. (Signé : Barnetche..., chirurgien en chef de la maternité. — *Bordeaux*, H. Faye, 1851, in-4° pièce. (1851, 14 mars.)

Crèche-asile-ouvroir de la Madeleine. Rapport par une des dames de l'œuvre. — *Paris*, imp. Guiraudet et Jouaust, in-8e pièce. (1851, 5 juin.)

Crèche de Saint-Symphorien. Rapport annuel sur l'état hygiénique et sanitaire de la crèche..., à Versailles ; fait en réunion des trois comités, le..., par le docteur Battaille, président du comité médical. — *Versailles*, imp. Montalant-Bougleux, in-8e pièce. (1851, 27 octobre.)

Rapport sur la crèche Saint-Gervais, par le docteur Arnaud Delanglard..., à Messieurs les présidents et membres du comite. — *Paris*, imp. de Beaulé et Comp., 1851, in-8°. pièce. (1851, 30 octobre.)

Crèche de la Sainte-Enfance, à Avignon. Séance d'inauguration tenue le..., et présidée par Monseigneur Debelay, archevêque d'Avignon. — *Avignon*, Séguin aîné, in-8° pièce. [Compte-rendu.] (1851, 20 novembre.)

Discours de M. le docteur Blache, prononcé à l'occasion d'une distribution de prix à l'hôpital des enfants malades. — *Paris*, Cosse et J. Dumoaine, in-4° pièce. (1851.)

Encore un mot sur les crèches, par le docteur Siry, médecin des asiles et des crèches. — *Paris*, Didot, in-12 pièce. (1851.)

Livret de crèches. Madame..., inspectrice. *Nantes*, imp de veuve C. Mellinet, in-8° pièce. [Société des crèches de Nantes.] (1851.)

Rapport annuel sur l'Asile de charité pour les orphelins protestants..., établi et administré par le consistoire de Castres. — *Castres*, Cantié et Rey, in-8°. (1851.) [Voy. aussi l'année 1862.]

Rapport annuel sur la crèche Saint-Louis d'Antin, par Mme la trésorière-directrice... — *Paris*, imp. Guiraudet et Jouaust, in-12. [7e année.] (1851.)

Rapport sur la crèche Saint-Philippe-Saint-Honoré, par Mme G... — *Paris*, imp. de Guiraudet et Jouaust, in-8° pièce. (1851.)

Instruction pour le service de santé des enfants-trouvés, abandonnés et orphelins placés à la campagne. (Signé : Davenne.) — *Paris*, imp. de P. Dupont, 1852, in-8° pièce. (1852, 10 janvier.)

Hospice de Carcassonne, centralisation des enfants-trouvés. Rapport à la commission administrative. (Signé : Malbosc.) — *Carcassonne*, Polère Neveu, 1852, in-8° pièce. (1852, 2 mai.)

Rapports présentés par le comité d'administration de l'Asile agricole de Cernay (Haut-Rhin), à MM les souscripteurs. — *Mulhouse*, 1847-1853, in-8°. [1er à 6e rapport.] (1847, 10 décembre — 1852, 10 juin.)

Lettre adressée par M. L. Bergevin... à MM. les administrateurs des hospices de la ville de Blois. — *Blois*, imp. de E. Dezairs, (1853, in-8°.) [Au sujet des dépenses de layettes et vêtutes des enfants-trouvés, admis à l'hospice.] (1852, 15 novembre.)

Des crèches à l'étranger. Extrait de la *Patrie.* — *Lyon*, imp. Th. Lépagnez, in-12 pièce. [Signé : Louise Gazano.] (1852.)

Manuel de la crèche Saint-Philippe, premier arrondissement de Paris. — *Paris*, in-8° pièce. (1852.)

Société des crèches. Mémoire présenté au prince président, par J.-B. Desplace. — *Paris*, imp. Guiraudet et Jouaust, in-8° pièce. (1852.)

Question des crèches. Conseil de surveillance de l'administration de l'assistance publique à Paris, Séance du 26 mai 1853. Rapport de la commission chargée de l'examen de la demande formée par la Société des crèches à l'effet d'être reconnue comme établissement d'utilité publique, suivi des observations de M. Marbeau. — *Paris*, imp. de Guiraudet et Jouaust, in-8° pièce (1853, 26 mai.)

Rapport sur l'admission des filles-mères à l'hospice de la Charité et sur l'amélioration de l'œuvre des enfants, présenté au nom d'une commission..., par M. E. Fayard. — *Lyon*, in-8°. (1853, 1er et 8 juin.)

Direction municipale des nourrices. Compte moral, exercice 1852. — *Paris*, imp. de P. Dupont (s. d.), in-4° pièce. (1853, 10 juin.)

Des frais de layettes et vêtures des enfants-trouvés. (Signé : Chauvin.) — *Vendôme*, imp. de Lemercier, 1853, in-8° pièce. [Sur la question de savoir si ces frais doivent être à la charge du budget départemental.] (1853, 9 août.)

A propos des Asiles. (Signé : Aglaé Simonnot. — *Paris*, imp. de S. Raçon et Comp., in-8° pièce. (1853.)

A Sa Majesté Eugénie Impératrice des Français, les enfants abandonnés, traités par la loi en vagabonds, par Obriot. — *Paris*, l'Auteur, 1853, in-8° pièce. [Le titre de départ porte : *Adoption des enfants abandonnés*. Il y a eu 4 tirages de cette pièce dans la même année.] (1853.) [Voy. ci-après à l'année 1854.]

L'assistance publique et les crèches. Réfutation du rapport de M. le docteur Ségalas, par M. d'Escodeca de Boisse. — *Paris*, imp. Guiraudet et Jouaust, 1853, in-12 pièce. [Extrait de la *Revue Municipale*.] (1853.)

Colonisation de l'Algérie par les enfants trouvés, sans autres dépenses que celles qui se font actuellement en France, si infructueusement pour ces enfants par l'abbé Landmann. — *Paris*, in-8° pièce. (1853.)

Crèche de Saint-Maclou. — *Rouen*, imp. Rivoire, in-8° pièce. [Installation de la crèche Saint-Maclou dans un nouveau local. Extrait du *Nouvelliste de Rouen*, du 23 mars 1853.] (1853.)

Crèche rurale et maison de charité de Peyriac-Minervois (Aude.) *Carcassonne*, L. Pomiès, in-8° planche. [Par Bertran. (1853.)

De l'influence à domicile, du secours médical et de la nécessité d'hôpitaux cantonnaux. Mémoire présenté à l'Académie d'Arras en 1852, par le docteur Bruno Danvin. Précédé d'un rapport fait à l'Académie, le 4 février 1853, par M. Billet. — *Arras*, in-8°. (1853.)

Note sur les crèches, par M. le comte de Lyonne. — *Paris*, in-8°. (1853.)

Notice sur les salles d'Asile, pat Ferdinand Martel. — *Puy*, Gaudelet, in-8° pièce. (1853.)

Mémoire et propositions au sujet des changements projetés dans l'œuvre des enfants-trouvés de la ville de Lyon. — *Lyon*, imp. de Th. Lépagnez, 1854, in-8° pièce. (1854, 10 janvier.)

Extrait du bulletin des crèches. Crèche de la Sainte-Enfance à Avignon (Vaucluse). Compte-rendu (signé : A. de Boudard aîné.) — *Paris*, imp. Guiraudet et Jouaust (s. d.), in-12 pièce, (1854, 22 avril.)

A Sa Majesté l'Impératrice, notre dernière prière en faveur des malheureux enfants abandonnés aux maisons de corrections, par Obriot. — *Paris*, l'auteur, 1854, in-8° pièce. (1854.)

Charité et progrès agricole, orphelinat agricole de Saint-Vincent-de-Paul, à Montagny. — *Chalon-sur-Saône*, in-8°. (1854.)

Education des enfants-trouvés. — *Paris*, in-8° pièce. (1854.)

Extrait du bulletin des crèches. Rapport annuel de la crèche Saint-Louis-d'Antin, par Mme la trésorière-directrice (dixième année...), suivi du rapport médical de M. le docteur Reis. — *Paris*, imp. Guiraudet et Jouaust, 1855-1857, 3 pièces in-8°. [Années 1854-1856.] (1854.)

Quelques mots sur les salles d'Asiles, par Prosper de Pietra Santa, médecin... — *Paris*, V. Masson, in-8° pièce. (1854.)

Statistique des établissements de bienfaisance. Rapport à S. Exc. le Ministre de l'Intérieur sur les tours, les abandons, les infanticides et les morts-nés de 1826 à 1854, par le baron de Watteville, inspecteur général des établissements de bienfaisance. — *Paris*, imp. Impériale, 1856, in-4°. (1826-1854.)

Ville de Paris. Mairie du dixième arrondissement. Rapport sur la situation des crèches (année...) — *Paris*, imp. de F. Didot, 1856, in-8° pièce. [Le titre de départ, page 1, porte en plus : *lu à l'assemblée générale* du 12 mars, par M. le comte de Lyonne.] (1855, 12 mars.)

Orphelinat de Prémontié, fêtes des 16 et 17 octobre 1855..., par l'abbé Darras. — *Soissons*, Fossé Darcosse, in-8° pièce. (1855, 16-17 octobre.)

A Sa Majesté l'Impératrice des français. (Signé : comte de Bondy, préfet du Rhône.) — *Lyon*, imp. d'A. Vingtrinier, in-4° pièce. [Au sujet des bureaux de nourrices de Lyon.] (1855, 2 novembre.)

Rapport du comité des orphelines de Marseille. — *Marseille*, Baslatier-Feissart et Desnonchy, 1856, in-18 pièce. (1855, 9 décembre.)

A messieurs, messieurs le maire et conseiller municipaux de Belleville (Rhône.) Signé : L.-F. Bondy. — *Lyon*, Bajat, in-4° pièce. [Au sujet de la fondation dite Comby, en faveur de 12 orphelins de la commune.] (1855.)

Administration des hospices civils d'Orléans, service extérieur des enfants-trouvés, livret d'enfant en nourrice. — *Orléans*, Morand-Bougot, in-16 pièce. (1855.)

Compte-rendu sur la situation de l'Asile agricole des petits Mendiants, à Paoul-ar-Bachot (signé : le président Pidoux.) — *Brest*, in-8°. (1855.)

Fondation d'une salle d'Asile dans la ville dAumale, signé : A. Beaucousin. — *Neufchatel*, E. Duval, in-4° pièce. (1855, 10 février.)

Enfants-trouvés. Rapport présenté à la réunion internationale de charité, par le marquis de Bausset-Roquefort. (Exttait des annales de la charité.) — *Paris*, A. LeC lère, in-8°, pièce. (1855.)

Note sur le service des enfants-trouvés et orphelins du département de la Seine, par M. de Cambray. — *Paris*, A. Le Clère, in-8° pièce. [Extrait des annales de la charité.] (1855.)

Notice sur les Sociétés de charité maternelle du département de la Loire-Inférieure, précédée d'un aperçu historique sur les Sociétés en France, par de Rostaing de Rivas. — *Nantes*, 1855, in-8° pièce. (1855.)

Projet d'établissement en Algérie d'un orphelinat pour les enfants-trouvés de la Seine-Inférieure. — *Rouen*, Mégard, in-8°. (1855.)

Rapport sur les crèches du huitième arrondissement pour l'année..., par le docteur Brierre de Boismont. — *Paris*, imp. de Guiraudet et Jouaust, 1856, in-8° pièce. (1855.)

Livret de l'enfant du sexe masculin, nommé. . . . n° de la boucle d'oreille. — *Le Mans*, imp. de Monnoyer, in-18 pièce. (1856, janvier.)

Association des crèches de Nantes. Séance générale du... Présidence de Madame la baronne de Bréa. Rapport sur l'année 1855, par M. le docteur Papin-Clergerie, secrétaire. — *Nantes*, imp. de W. Busseuil, 1856, in-8° pièce. (1856, 27 février.)

Orphelinat du Prince Impérial. Souscription du 16 mars 1856. — *Paris*, imp. Impériale, octobre 1858, in-8° pièce. (1856, 16 mars.)

Extrait du Bulletin des crèches. Crèche de la Sainte-Enfance, à Avignon (Vaucluse) .Compte-rendu pour les années 1854 et 1855. (Signé : A. de Boudard. [8 avril 1856.] — *Paris*, imp. de Guiraudet et Jouaust, in-8° pièce. (1856, 8 avril.)

Notice historique sur la colonie agricole de Notre-Dame-des-Orphelins, à Autry, près de Gien (Loiret), fondée et dirigée par M. l'abbé N. Tallereau. (Signé : l'abbé N. Tallereau.) — *Paris*, imp. de Simon Raçon et Comp. (s. d.), in-8° pièce. (1856, 1er mai.)

Extrait du *Moniteur Universel* du..., de l'assistance préventive et particulièrement des crèches et des salles d'Asile, par A. de Malarce. — *Paris*, imp. de Guiraudet et Jouaust, in-8° pièce. (1856, 30 mai.)

Rapport sur un document inédit communiqué par M. de La Fons de Melicocq, correspondant du comité, concernant les dépenses faites par la ville de Lille pour les enfants-trouvés au XVe et XVIe siècles, recherches sur le sort des enfants-trouvés en France, antérieurement à Saint-Vincent-de-Paul, par M. J. Desnoyers. — *Paris*, imp. Impériale, in-8° pièce. (1856, novembre.)

Administration des hospices civils de Bordeaux. Enfants-trouvés ou abandonnés et orphelins. Livret d'un enfant au-dessus de douze ans. — *Bordeaux*, in-8° pièce. (1856.)

Appel en faveur des orphelinats protestants de l'Algérie, signé Guillaume Monod, in-4° pièce. (1856.)

Bulletin des crèches, destiné spécialement : 1° à prouver leur utilité dans les villes et les campagnes; 2° à indiquer la marche et les modèles à suivre pour les perfectionner. — *Paris*, imp. Guiraudet et Jouaust, 11 vol. in-8°. (1846-1856.)

Commission administrative des hospices civils de Bordeaux. Hospice des Enfants-Trouvés, livret pour un élève au-dessus de douze ans. — *Bordeaux*, E. Mons, in-8° pièce. (1856.)

Département de la Mayenne. Réglement de la salle d'Asile d'Amlvières. — *Laval*, imp. de H. Godbert, in-4° pièce. (1856.)

Extrait du bulletin des crèches. Société des crèches. — *Paris*, imp. de Guiraudet et Jouaust, in-8° pièce. [Rapport de M. Marbeau.] (1856.)

Les nourrices de campagne, par J. Gorlier. — *Montmartre*, imp. de Pilloy, in-8° pièce. (1856.)

Notice sur l'œuvre paroissiale des crèches à domicile, fondée et bénie solennellement par M. le curé de Saint-Severin. — *Paris*, imp. de J.-B. Gros et Donnaud, 1858, in-12 pièce. (1857, 26 mars.)

Asile des petits orphelins, 110, chaussée de Ménilmontant, à Belleville. Rapport sur la gestion de l'œuvre pendant l'année 1856 et 1857, fait par M. Thibault..., tenu.. le... — *Paris*, 1857-1858, in-8°, 2 pièces. (1857, 27 avril.)

Question des enfants-trouvés, par M. J.-G.-Andrie-Gabriel Roche. — *Angoulême*, imp. de J. Lefraise, in-12 pièce. (1857, avril.)

Orphelinat de jeunes garçons de Saint-Germain-en-Laye, reconnu comme établissement d'utilité publique, par décret Impérial du 10 août 1857. — *Saint-Germain-en-Laye*, Beau, in-8° pièce. (1857, 10 août.)

Exposé des avantages des salles d'Asile aux divers points de vue..., par J.-A. Demondion. — *Limoges*, Descourtieux et Comp., in-8° pièce. (1857, 15 décembre.)

Blessig-Stiftung... [Fondation Blessig, en faveur des enfants abandonnés ou malheureux.] — *Strasbourg*, imp. de F.-C. Heitz, 1858, in-8° pièce. (1857, 26 décembre.)

Administration générale de l'assistance publique à Paris, Rapport à M. le Préfet de la Seine, sur la situation du service des enfants-trouvés, et précission des dépenses pour l'année. — *Paris*, 5 vol. in-4°. (1853 à 1857.)

Enfants-trouvés, création de la Société de N.-D.-de-Refuge et de ses Asiles, secourir les mères pauvres, moraliser les filles-mères, diminuer le nombre des enfants-trouvés, par le docteur H.-E. Dutouquet. — *Paris*, in-8°. (1858.)

Orphelinat d'Orléans, signé : F. Monod. — *Paris*, Meyrueis, in-8° pièce. (1858.)

Les petits colporteurs missionnaires ou les orphelins de la Providence de Bordeaux, par J[h]. E., ex-directeur d'orphelins. — *Lyon*, Chanoine, in-18. (1858.)

Asile Marie-Camille, fondé en faveur des jeunes filles languissantes de douze à treize ans. — *Paris*, in-8°. (1859.)

Notice historique sur la fondation et les progrès de l'Œuvre des demoiselles des orphelines, établie à Aix, l'an 1820. — *Aix*, 1859, in-8° pièce. (1859.)

Orphelinat de la Teste. — *Bordeaux*, Dupuy et Comp., in-8° pièce. (1859.)

L'Ami de l'Enfance, journal des salles d'Asile, publié sous la direction de M. Cochin... et de M. Battelle. — *Paris*. 3 séries en 10 vol. in-8°. (1835-1860.)

Annales de la charité, revue mensuelle destinée à la discussion des questions et à l'examen des institutions qui interressent les classes pauvres. — *Paris*, 16 vol. in-8°. (1845 à 1860.)

Asile des petits orphelins..., à Belleville. Assemblée générale de l'œuvre, tenue... le 4 mai 1859 et le 17 avril 1860. — *Paris*, in-8°. (1859-1860.)

L'asile maternel des petits enfants de Saint-Vincent-de-Paul, par M. Bathild-Bouniol. — *Paris*, Bray et Comp., in-8° pièce. (1860.)

Commission administrative des hospices civils de Beaune (Côte-d'Or.) Observations sur le respect dû aux fondations charitables à propos du projet de loi portant répartition entre tous les hospices des dépenses des enfants assistés. (Signé : Louis Cyrot.) — *Beaune*, 1860, in-8° pièce. (1860.)

Coup d'œil sur l'état des orphelins en Russie. (Signé : Cunégonde princesse Gredroye.) — *Paris*, in-8° pièce. (1860.)

Guide des salles d'Asile contenant : 1° les lois, décrets, arrêtés et circulaires qui régissent ces établissements; 2° des considérations sur l'éducation physique, morale et intellectuelle de la première enfance, etc., par Eugène Rendu. — *Paris*, in-8°. (1860.)

Nouveau manuel des salles d'Asile à l'usage des filles de la charité de Saint-Vincent-de-Paul, par une sœur directrice de salle d'Asile. — *Paris*, Dezobry, 1855, in-8°. [Réimprimé en 1860. — *Paris*, Dezobry, in-8°.] (1860.)

De la question des enfants assistés, par M. Monier. — *Mâcon*, in-8° pièce. [Rapport lu à l'Académie de Mâcon, le 23 février 1860.] (1860.)

Administration générale de l'assistance publique à Paris. Rapport à M. le Préfet de la Seine sur le service des enfants-assistés. — *Paris*, 6 vol. in-4°, (1856-1861.)

Asile protestant d'Orthez, fondé en 1852 pour les vieillards des deux sexes, les malades et les infirmes, les orphelines et les autres jeunes filles... — *Orthez*, 2 volumes in-16. [1er et 4e rapport.] (1859 à 1861.)

De l'assistance en province, par M. A. de Magnitot. — *Paris*, in-8°. [Cinq années de pratique.] (1861.)

... Rapport de l'Asile évangélique de Lemé (Aisne). — *Paris*, 1838-1861, in-12. [22 rapports.] (1838-1861.)

Société d'économie charitable, question des enfants-trouvés. (Signé : baron de Montreuil, rapporteur. — *Paris*, in-8° pièce. (1861.)

A. MM. les membres des Conseils généraux. Mémoire sur le rétablissement des tours, suivi du rapport sur la même question, prononcé par M. de Goulhot de Saint-Germain, sénateur, dans la séance du 13 juin 1862, par Léon Valery. — *Toulouse*, in-8°. (1862.)

Orphelinat du prince Impérial. Rapport à Sa Majesté l'Empereur, 1857-1858. — *Paris*, imp. Impériale, août 1858, in-8° pièce. [Rapports des années 1857-1862.] (1857-1862.)

Les orphelins, discours prononcé..., par Edouard Bruitte-Barbey. — *Blois*. 1863, in-8° de 16 pages. (1862, 16 novembre.)

Asile des petits orphelins, 119, chaussée Ménilmontant. Rapport de M. A. Thibault..., sur la gestion de l'année 1861. — *Paris*, 1862, in-8°. (1861-1862.)

Asile Emilie, fondé pour recueillir les orphelines et les petites-filles pauvres et abandonnées, à *Avallon*. [Troisième rapport annuel, août 1858. *Marennes*, 1858, in-8°. Quatrième année, 1858,—sixième édition, 1860,—huitième édition, 1862.] (1858 à 1862.)

Dialogue sur le sort des enfants chez quelques peuples anciens. — *Versailles*, in-12. (1862.)

Discours sur le renfermement des pauvres, par J.-B. Guerin. — *Soissons*, in-8°. (1862.)

Les enfants des hospices et la mise en valeur des terres incultes, par Henri Doniol. — *Paris*, in-8° de 16 pages. (1862.)

Ministère de l'Intérieur. Enfants assistés. Enquête générale ouverte en 1860 dans les 86 départements de l'Empire. Rapport de la commission instituée le 10 octobre 1861, par arrêté de S. Exc. le Ministre de l'Intérieur. — *Paris*, imp. Impériale, in-4° de 397 pages. (1862.)

Quelques mots sur la Société du prince Impérial, par Ch. Barre (comte de la Garde), avocat — *Paris*, Cosse et Marchal, in 8° pièce. (1862.)

Rapport annuel. Asile de charité pour les orphelins protestants établi à Castres (Tarn), par le Consistoire. — *Toulouse*, A. Chauvin, 1862, in-8° pièce. [22e anniversaire, 2 février 1862.] (1841-1862.)

La charité par Jules Lecomte. — *Paris*, 1863, in-12.

SUPPLÉMENT ET OUVRAGES SANS DATES[1].

Abrégé du dessein des maisons de la Sainte-Providence, sous le glorieux titre de Notre-Dame-de-la-Paix. (S. l. n. d.), in-4° pièce. [Projet pour les enfants des nobles honteux....]

Antiquités de Paris, par Jacq. du Breul. [Il est question dans cet ouvrage des *enfants orphelins*.]

Asile agricole de Poussery (Nièvre), [pour les enfants-trouvés (s. d.), in-8, pièce.

Considérations sur les enfants-trouvés, par Ed. Thayer, in-8.

Considérations sur les établissements d'humanité en général et en particulier, sur les hospices des enfants-trouvés, par Krunitz. [Traduit de l'allemand.]

Enfants-trouvés. Tableaux statistiques officiels. (S. l. n. d.), in-4° pièce.

Histoire des ordres monastiques, par le père Hélyot, de l'Oratoire. [Tome II, p. 195 à 202, sur l'ordre du Saint Esprit et sur les enfants abandonnés.

---

(1) Nous avons également compris dans ce paragraphe quelques ouvrages que nous n'avons pu nous procurer et dont les dates nous sont restées inconnues.

Hospice de Melun, enfants-trouvés du département de Seine-et-Marne, livret d'enfants en nourrice. — *Melun*, in-8° (s. d.)

Les hospices, poëme par Alhoy. — *Paris*, 1804, in-12.

Instructions sur la manutention des loteries des enfants-trouvés et de piété, réunis à l'administration générale de la loterie Royale de France, pour MM. les receveurs de ces loteries en province. — *Paris*, imp. de V. Thiboust (s. d.) in-4° pièce.

Législation charitable ou recueil des lois, arrêtés, décrets, ordonnances royales, etc., qui régissent les établissements de bienfaisance (1798-1846), mise en ordre et annotée, avec une préface, par M. de Watteville. — *Paris*, imp. Dupont, 1843, in-8. (Prix, 20 francs.) [Une deuxième édition parut, en 1846, chez Cotillon, grand in-8° à deux colonnes.] (Prix 15 francs.)

Mémoire sur les hôpitaux, par Tenon. [Page 90 sur les enfants-trouvés.]

Notice historique sur les enfants-trouvés, par A. Philippe. [Voyez le titre à l'année 1847.]

Notice sur la compagnie de MM. de charité pour l'assistance des prisonniers et la délivrance de ceux détenus pour dettes de mois de nourrice (s. l. n. d.), in-8°.

Plan d'éducation pour les enfants-trouvés, par Al. Laborde in-8.

Réflexions d'une dame inspectrice sur l'institution des salles d'Asile, par Mme S... R... — *Paris*, Bouchard-Huzard (s.d.), in-8° pièce.

Réflexions sur les enfants-trouvés, par Victor Vaucluse, in-8.

Réponse par M. Henri Derbigny, licencié en droit, à l'écrit intitulé : du Tour des enfants-trouvés et de l'arrêté de M. le Préfet du département de la Gironde, par M. A. Nicolas, avocat à la Cour royale de Bordeaux. — *Bordeaux*, imp. de Deliége aîné (s. d.), in-8° pièce. [L'ouvrage de M. A. Nicolas est mentionné à l'année 1840.]

De la suppression des tours et de l'admission à bureau ouvert des enfants-trouvés, in-8.

De la suppression des tours, par Ad. Baudon, in-8.

Du système des admissions administratives des enfants-trouvés, par Chipoulet, in-8.

Paris.— Impr Turfin et Ad. Juvet. 9, cour des Miracles

www.ingramcontent.com/pod-product-compliance
Lightning Source LLC
LaVergne TN
LVHW020447230826
846091LV00004B/1585

9782016158210